极简万物史

The
Shortest History
of
the World

>>> > >> >

[澳] 大卫·贝克（David Baker）著

贾晗湘 译

中国科学技术出版社

·北 京·

THE SHORTEST HISTORY OF THE WORLD by DAVID BAKER, WITH A FOREWORD BY JOHN GREEN, ISBN: 9781760643614

北京市版权局著作权合同登记　图字：01-2023-2288。

图书在版编目（CIP）数据

极简万物史 /（澳）大卫·贝克（David Baker）著；贾晗湘译 . — 北京：中国科学技术出版社，2024.2
书名原文：The Shortest History of the World
ISBN 978-7-5236-0205-8

Ⅰ . ①极… Ⅱ . ①大… ②贾… Ⅲ . ①科学知识－普及读物 Ⅳ . ① Z228.1

中国国家版本馆 CIP 数据核字（2023）第 072922 号

审图号：GS 京（2023）1142 号　本书插图系原文插图

策划编辑	方　理	**责任编辑**	方　理
版式设计	蚂蚁设计	**封面设计**	东合社·安宁
责任校对	张晓莉	**责任印制**	李晓霖

出　　版	中国科学技术出版社
发　　行	中国科学技术出版社有限公司发行部
地　　址	北京市海淀区中关村南大街 16 号
邮　　编	100081
发行电话	010-62173865
传　　真	010-62173081
网　　址	http://www.cspbooks.com.cn

开　　本	880mm × 1230mm　1/32
字　　数	139 千字
印　　张	7.25
版　　次	2024 年 2 月第 1 版
印　　次	2024 年 2 月第 1 次印刷
印　　刷	大厂回族自治县彩虹印刷有限公司
书　　号	ISBN 978-7-5236-0205-8/Z · 350
定　　价	69.00 元

献给大卫·克里斯蒂安

序言

人类向来喜欢好故事。加之多少有些自命不凡，我们尤其钟爱关于自己的故事，关于我们从何而来、为何而来的故事。如今，我们称其为历史。但长久以来，人类都从狭义的视角定义历史，如此就极大地曲解了真实的世界。

我在高中时期曾学到，随着文字的出现，“有记载的历史”始于约 5000 年前。然而，这一定义将人类历史的绝大部分——至少 95%——都排除在外。当然，我们不可能像了解成吉思汗或克利奥帕特拉（Cleopatra）女王那样详尽地了解 10 万年前的人类，但这样的遗漏使人类历史看似仅包含相当新近的事件。如果以为人类史始于农业、文字或者任何一种创新，那么历史似乎就呈现为一条上行线：生命在延长；饥饿、贫困得到缓解，受教育程度不断提高；技术改进惠及更多人，源源不断的创新确保生活质量必然得到改善。

上述情形却并不适用于人类历史中的大部分时期。知识在小范围内的代代相传孕育了重大创新，但人类生活的健康程度和生产效率并非始终在改进。通过本书，你将发现早在我们发展农业、推广蒸汽机、研制抗生素之前很长一段时间，人类几近灭绝。人类主宰地球所有物种的历史不过万物史的一瞬间。在明确这一点后，我们才能实质性地应对自己正在对地球和生物圈做出的巨大而突然的改变。

狭义的历史观也常常造成学科间错误的二分法，即将学科划分为以化学、物理学和生物学为代表的“硬科学”和以历史学、文学和人类学为代表的“软人文学”两大阵营。人类历史不能被孤立地考察。如果不了解生物学范畴的鼠疫菌和携带鼠疫菌的老鼠，我们就无法看懂 14 世纪的欧洲史。如果不能一瞥时间起源的真容，不能了解人类如何从恒星演化而来，也就无法理解地球何以诞生生命。

在这本书中，大卫·贝克笔下的历史不仅涉及人类和地球，也涵盖广阔无垠的宇宙。我们既不是这段故事的开篇，亦非结尾，而是在中途登场。哪怕人类退出历史舞台，故事仍未完待续。一览宇宙史之浩瀚，个体或物种方知自身之渺小。宇宙史也令我们认识到生命的美妙和惊奇之处。诚如贝克所说，当我们仰望夜空时，并不是我们在凝视宇宙，而是宇宙在凝视镜中的自己。

约翰·格林

（John Green,《纽约时报》畅销书作家）

前言

本书聚焦宇宙中所有“事物”的历史变迁，涵盖从大爆炸到生命进化，再到人类史的全部进程。复杂的人类社会就孕育于简单的氢气团之中。人类曾经历生存方式的变迁，而本书恰恰凝聚了数十亿年的历史经验。当前，人们对人类身份还存在种种困惑。倘若人人都能至少如知晓本国历史的重大时刻那样了解“万物史”的关键节点，我们也就能够解读哲学和未来了。

纵观138亿年的历史，我们看到的不仅是纷繁芜杂的人类事务，还有历史全貌与整体轨迹。而贯穿整部宏伟史诗的线索就在于宇宙中复杂性的崛起，它连通了从第一个原子到第一条生命，再到人类及其发明创造的全过程。借助复杂性崛起这一线索，我们得以总览万古永世而不会纠缠于细节中，毕竟得到答案所需细节之多少取决于问题本身。而本书中，我们仅仅提出以下问题：人类从何处来，又将去往何处？

本书中的未来指接下来的数百年、千年、万年、亿年甚至万亿年、千万亿年，直至宇宙尽头。《极简万物史》将探索以上全部可能。

对科学畏怯的读者尽可放心，本书并不包含数学方程式，并且那些陌生的宇宙现象也将以平实的语言阐述。对历史爱好者来说，人类史相比138亿年的漫长岁月——正如一位同事所言——或许仅是“法国埃菲尔铁塔顶部最细碎的一块油漆”。但出于种种真实客观的原因，人类的确扮演了相当重要的角色。据我们所知，人类社会与其技术是迄今为止整个宇宙中最为复杂的结构。80亿人高速运转的大脑交织成一张紧密的网络，每个人所连通的结点及建立的联系的数量更甚于银河系中的恒星。宇宙中复杂性的再度提升很可能来源于人类，至少是像我们一样在宇宙其他地方进化出来的物种。

法国历史学家费尔南·布罗代尔（Fernand Braudel）[1]曾将近代政治事件比作漂浮在时间深海上的气泡和翻滚的泡沫，稍纵即逝。为了真正理解我们的今天之所在以及未来之方向，我们必须探寻海洋深处的潮汐与暗流。宇宙中复杂性

---

[1] 布罗代尔，年鉴学派的代表人物，提出了著名的长时段理论，即人类历史发展可分为长时段、中时段和短时段，分别对应地理变化、社会变化和政治事件。他以海洋来做比喻，长时段历史如同深海底部，最为稳定；中时段历史如同水下的潮汐与暗流；而短时段历史如同海水表面的浪花。——编者注

的增加撼动了整片时间之海。这一上升趋势创造出人类，并将持续改变人类。令人惊讶的是，具有自我意识的人类当前有能力控制复杂性的走向。

我们可以将过去的历史划分为三个阶段：

无生命阶段：138 亿年至 38 亿年前；
生命阶段：38 亿年至 315 000 年前；
文化阶段：315 000 年前至今。

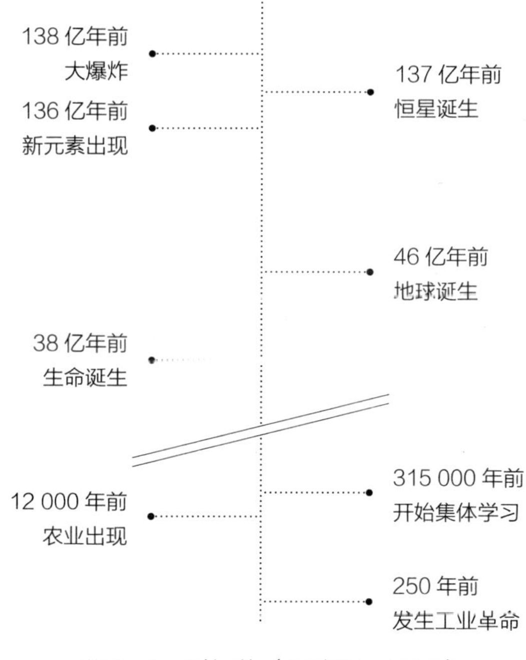

图 0-1　时间线（示意图，下同）

上述每个阶段都对应了复杂性的重大进步。无生命阶段涵盖了宇宙出现生命前，自大爆炸至地球形成的时期；生命阶段始于地球海底首次出现微生物，这一阶段也见证了数十亿年来复杂物种以及生态系统的演化；文化阶段始于人类得以在短时间内积累知识并发展工具和技术，人类的行为和生活也随之发生巨大改变，尽管在这期间，我们的生物学特征变化有限。复杂性在各个阶段内均急剧提升：从宇宙无休止的撞击和雷鸣，到自然选择下物种的世代进化，再到文化演进或集体学习，始终如此。历史前进的步伐也迅速加快：宇宙变迁花费了数十亿年，物种进化耗时数百万年，而文化的演进则以千年、百年、年甚至日来衡量。

复杂性的每次转变、历史上的每个重大事件以及所有全新的进化形式，都以过往为基础。

本书同时包含第四阶段，即未知阶段。届时，复杂性将再次跃升，并开启宇宙演化及历史变迁的全新时代。人类或许逊色于不断加快发明创造且具有自我意识的人工智能（AI），又或许能够将意识上载至计算机并穿越银河系旅行。量子物理学的发展也可能使人类以前所未有之能力，控制和改变宇宙的基石以及基本法则。我们唯一确信的是，除非复杂性彻底崩溃，否则某种形式的复杂性增加不过是时间问题。与此同时，人类世界的改变将越来越快。

当代人正处在 138 亿年来的关键节点。通过了解长达数十亿年的漫长历史，我们可以更有效地制定未来数十亿年的长期规划。

目录

第三部分　文化阶段　101

（315 000 年前至今）

4

第四部分　未知阶段　181

（从今天至无限远）

第一部分

无生命阶段

（138 亿年至 38 亿年前）

PART 1

一 大爆炸

宇宙生出万物之时，方有时空概念。空间包容万物，时间带来变迁，亦即创造历史。原始的能量和物质经过千变万化，最终形成了我们周遭的一切。

爆炸。

138亿年以前，宇宙中出现了一枚微小、炽热、白色的颗粒。起初，这枚颗粒太过微小，除非那时已经发明出分辨率极高的现代显微镜，否则无论用肉眼还是其他工具都看不见它。

这枚颗粒就是时空连续体，它的内部极热、密度极高、充满能量，它的外部则空洞无一物。创造宇宙万物所需要的一切要素都凝聚在这枚颗粒中。自那以后的数十亿年，宇宙就好像一个千变万化的黏土球，无数次经历塑造和重塑，而构成世间万物的要素只是不断改变形态而已。

绝对意义上的历史开端始于大爆炸后的10^{-43}秒，也就是将数字1置于小数点后第43位，即

0.000 000 000 000 000 000 000 000 000 000 000 000 000 000 1。

这是一秒中至细至微的一个片段，也是我们能够衡量的最为微小的一瞬。事实上，比它再短暂的时间片段并无意义。因为宇宙中没有任何物质可以在更为微小的瞬间发生哪怕一丝一毫的改变。10^{-43} 秒也是光在量子水平上传播最小距离所需要的时间。任何更为短暂的时间片段，比如 10^{-50} 秒，都与 10^{-43} 秒别无二致。它就像是电影的第一帧。

那时，整个宇宙比原子，甚至比构成原子的粒子还要小。由于宇宙中所有物质都汇聚于如此狭小的空间内，于是空间产生了巨大的压力，压力又带来了极致的高温。宇宙的温度高达 142 000 000 000 000 000 000 000 000 000 000 开尔文，即 1.42 亿亿亿亿开尔文，这一温度几乎不存在摄氏度和华氏度之分。物理学定律本身也无法自洽。超高温使得用来解释宇宙运行的物理法则其主体都处于“熔化”的状态。万物都陷入完全的混沌无序中。就如同《爱丽丝漫游仙境》[1]中的世界，或是 500 毫升致幻剂为大脑带来的奇景幻象。

大爆炸后的 10^{-35} 秒，宇宙膨胀到肉眼可见的葡萄大小，温度也冷却到 11.3×10^{27} 开尔文之下。这样的温度足以使宇宙中的四种基本力“固化”成当前的形态。于是引力、电磁

---

[1] 19 世纪英国作家刘易斯·卡罗尔创作的著名儿童文学作品，讲述了一个名叫爱丽丝的小女孩不慎掉入兔子洞，从而进入一个神奇国度并开始一系列冒险的故事。——编者注

力、强核力和弱核力取得某种平衡。这时的宇宙便由物理法则支配了。4 种基本力的演变过程哪怕出现毫厘之差，宇宙的进化也将全然不同。

在这段时期内，量子级的微小波动会引发极细微的能量聚合。宇宙中的能量分布只是相当微弱的不均匀。能量的聚合又孕育了万事万物——复杂性、恒星与行星、动物和宇宙中的其他存在，以及人类自身。

大爆炸后的 10^{-32} 秒，宇宙大约 1 米宽。至此，演化进程中最为艰巨的开端已经结束。仿佛时钟拨动了发条，机械驱动装置也已就位，时钟开始滴答运转了。顷刻之间，命运之神已经光顾，人类就这样被纳入宇宙演化的进程。而后来的事情，如人所说，皆由历史写就。

接下来的 10 秒内，宇宙膨胀到 10 光年宽。随着温度不断下降至 50 亿开尔文，由高能量凝聚而成的微小粒子持续旋转。这些粒子即夸克和反夸克，正电子和电子。它们是成对相反的粒子，是物质和反物质。当两者相遇时又瞬间爆炸，产生能量。仅有十亿分之一的物质没有和反物质相遇碰撞，也正是这一小部分物质构成了我们今天在宇宙中看到的万事万物。就这样，大爆炸后的 10 秒钟创造了奇迹，并最终孕育了人类。

接下来的 3 分钟里，宇宙持续膨胀。此时，宇宙已有 1000 光年宽，仿佛一片充满辐射、冷酷无情的浩瀚海洋。那些未经历碰撞湮灭的夸克在高温下互相结合，形成了质子和中子。这些质子和中子又进一步结合，形成了氢原子和氦原子的核心（原子核）。所有元素中，氢和氦是最简单的，也是最先产生的。氢原子只需要一个质子作为其原子核。形成氦原子所需要的粒子则更多，因此宇宙中的氦比氢要少。宇宙持续冷却并降至 1 亿开尔文，但因速度太快，除了微量的锂和铍，许多其他元素都还来不及孕育。待数百万年后恒星出现，质量更大的元素才诞生。

此后，宇宙在数年间又不断膨胀和冷却，这一阶段比智人存在的时间还要长。大爆炸后的 38 万年，宇宙达到 1000 万光年宽，冷却至 3000 开尔文。这种两倍于岩浆的高温足以熔化黄金，或者令钻石如同夏日里的冰块般化作液态。高温之下，宇宙的复杂性仍十分有限，但氢和氦的原子核已经可以吸引电子绕其转动从而构成完整的原子。这时的宇宙充满了气体云雾。

宇宙的密度也在降低，光子终于能够在辐射和粒子密布的“浓汤”中自由穿行。由于光子可以朝着任意方向移动，因此宇宙闪动着耀眼的光辉。我们将这种光称作宇宙微波背景（Cosmic Microwave Background，CMB）。今天，科学家们无论朝哪个方向都能探测到它的存在。事实上，如果你将收音机或电视机设置为只接收静电干扰的模式，那么其中的 1% 静电干扰正来自宇宙微波背景。宇宙微波背景是宇宙留下的第一张“婴儿照”，也是漫漫时空长河所呈现的无比珍贵的第一幕。

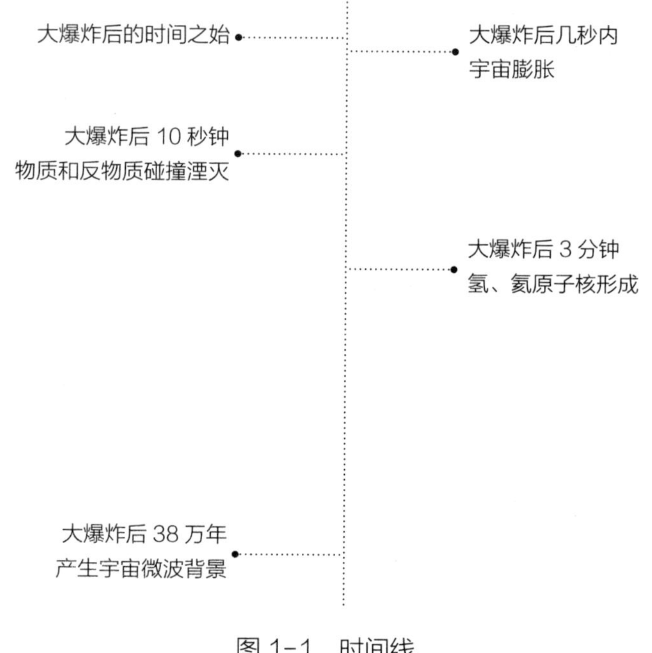

图 1-1 时间线

如何证实大爆炸的发生?

以下几方面证据表明大爆炸确有发生。第一，无论是在地球上还是通过望远镜遥望太空，我们都找不到任何诞生于138亿年前的物质，这也符合我们对宇宙年龄的估计。如果宇宙是无限而且永恒的，我们应当找得到更古老的存在，比如某种具有1050亿年或802万亿年历史的事物。

第二，大爆炸理论认为，不断膨胀的宇宙曾在短短几分钟内达到极热高温又迅速冷却，以致更重的元素来不及合成，这与氢和氦在宇宙的普通物质[1]中占据了绝大部分的情形是相符的。倘若宇宙无限古老、无限巨大，那么我们将无法清楚地解释为何宇宙以这样的化学成分组成。在一个恒星永无休止地经历超新星爆发的无限宇宙中，我们自然而然会认为金元素和氢元素一样普遍。

第三，20 世纪 20 年代，爱德温·哈勃（Edwin Hubble）在探索宇宙图像时发现，随着宇宙空间的扩张，大多数星系都在远离我们。据此进行逻辑推论和反向计算，哈勃得出结论，宇宙中的所有星系必然曾经汇聚于一个定点。

尽管有这一发现的支持，但数十年来，大爆炸理论都不是宇宙观的主流理论。这时，我们不得不提出第四条，也是最重要的一条证据：大爆炸 38 万年后出现的宇宙微波背景。如果大爆炸理论成立，那么宇宙在经历数千年的膨胀后，高密度物质、等离子体和辐射终将变得足够稀薄，令光自由流动，宇宙应当闪耀着明亮的光辉。20 世纪 40 年代，物理学家预言，宇宙微波遗留无处不在。直到 1964 年，两名射电工程师阿诺·彭齐亚斯（Arno Penzias）和罗伯特·威尔逊（Robert Wilson）意外而精确地印证了这一预言。他们当时试图针对一台高度敏感的天线设备排除静电干扰。但在经历

[1] 普通物质是所有人类能够接触到、观测到的物质（包括人类在内），它占宇宙物质总量的 4.9%，与暗物质和暗能量共同组成了整个宇宙。——译者注

了数次校准，甚至驱赶了会在天线上留下粪便的鸽子后，他们仍无法摆脱一种微小的波动。后来，两名工程师才从普林斯顿大学的物理学家处得知这种干扰究竟是何方神圣。自那一刻起，大爆炸学说成为解释宇宙起源的主流理论，此后的一切研究工作不过是针对大爆炸学说的再确认，或是为其厘清总体框架而已。

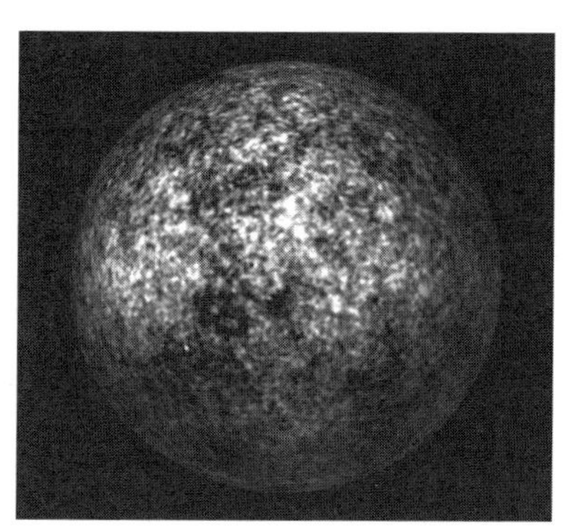

图 1-2　宇宙微波背景

宇宙呈现何种面貌?

大爆炸后若干分之一秒内，宇宙从量子级的粒子大小膨胀到葡萄大小。仅用时一秒，它的体积已超越太阳系；4 年以后，它又膨胀到比银河系还要大。

如我们所知的那样，当今宇宙的直径有 930 亿光年。如此遥远的距离意味着有些恒星和星系所发出的光在宇宙诞生后的 138 亿年内还来不及到达地球。从地球远远望去，我们所能看到的部分称为可观测宇宙，但在可观测宇宙之外，仍存在着千千万万我们看不见的事物。

此外，由于光的传递需要时间，所以我们观测的物体越远，光走过的时间就越长，我们所看到的景象在时间轴上就越久远。例如，邻近的仙女星系离我们200万光年远。当通过望远镜遥望仙女星系时，它所呈现的景象大致对应了地球上直立人开始往来穿梭、剑齿虎也尚未灭绝的那段时期。

从地球顺着任何方向望出去，可观测宇宙都在视线范围内。这意味着，可观测宇宙是一个球体。但整个宇宙却并非呈现如此形状。物理学家确信整个宇宙的“曲率为零”（Zero curvature），也就是说宇宙不会在某一点向回弯折。它无限延展，像是桌面那样可以朝所有方向延伸并无休止地扩张。可观测宇宙不过是这个无限、平坦的结构的一部分，就好像咖啡杯在桌面上留下的一圈水痕，而地球则是痕迹内一道细小的木质纤维。

无论假设我们站在相当远处用肉眼望向整个宇宙，还是以可观测宇宙中所有恒星交织而成的光辉为观测对象，像是把画面拉远并将这幅全景图一次性收入眼中那样，我们都会看到米褐色。宇宙学家曾赋予它更别致的名称——“宇宙拿铁色”，但实际上称其为米褐色更恰到好处。本书更倾向于用米褐色来形容宇宙，它使宇宙显得不那么令人望而生畏。

何为多元宇宙？

让我们暂时进入一个有些不可思议的世界。大爆炸模型（当前最广为接受的模型）必然带来“永久膨胀”的结果。这意味着，一边是被比作咖啡杯水痕的可观测宇宙自脱胎于宇宙膨胀以来，其变化速度较初始时刻放缓；而另一边，宇宙这张桌面上水痕以外的区域却可能仍按照原速度膨胀。于是其他的咖啡杯水痕（也就是所谓的其他宇宙）出现了，那里的物理法则和历史变迁与我们所处的时空完全不同，并且它们的演变永无休止。于是诸多不同“宇宙”（体积大致等同于我们的可观测宇宙）共同组成了多元宇宙。

但“多元宇宙”一词并不准确，因为它们属于同一个整体，只不过是桌面上不同的咖啡杯水痕，分别由不同的物理定律所支配。构建宇宙的物理定律几乎存在无数种变化方式（数量足有 10^{500} 之多，或者 6 倍于可观测宇宙中的原子数），而物理定律的千变万化又将导致历史结果的差异。也就是说，倘若这一假设成立，那么会存在某个你已经在 1.5 秒之前读到这里的宇宙，还存在某个你并没出生的宇宙、某个恒星尚未出现的宇宙、某个第二次世界大战没有发生的宇宙，也存在某个你的脸看起来像是棉花糖、人行小道看起来像是比萨的宇宙。多元宇宙之多，超乎你的想象。

倘若这一假说成立，我们一旦接收到来自距离最近的“宇宙”发出的光线（假如有光的话），就能立即确认多元宇宙的存在，但这或许要花上 3 万亿年的时间。

如何理解大爆炸？

尝试理解宇宙起源很可能令人头痛。受既定规则支配的宇宙先于人类、头脑和认知出现。由于我们直觉上已经知晓了物理体系的存在，因此于大脑而言，想要理解发生于物理体系构建前的事件就变得困难了。人类为了生存而进化出这种与生俱来的、充分理解周遭世界的能力，本能地明白万物有涨有落，因果相连，生命周而复始。除此之外，理解其他问题则需要更多的时间和思考。

现在想象一枚极小的颗粒。它就是回溯到 138 亿年前 10^{-43} 秒那一刻的大爆炸奇点。这枚颗粒包含了全部能量和物质，也包含了创造后续历史所需的全部要素。你可以尽情发挥想象，但在你的想象中，颗粒之外不能存在其他空间。宇宙承载了空间，空间也仅存在于宇宙之内，膨胀创造出越来越大的空间。甚至不要想象颗粒处在一片黑暗之中。颗粒之外不是点点星光背后那抹漆黑的夜空，黑暗也在空间内。大爆炸的瞬间，除了这枚颗粒再无一物。

不妨找出一张纸、一支笔，并在纸的中心画一个点。然后用剪刀剪去圆点之外多余的部分，剩下的就是宇宙的初始形态。这枚最为原始的颗粒承载了全部时间、空间和能量，并逐渐演化成今天仍在延展的“桌面”。

大爆炸之前发生过什么?

大爆炸之前并无时间的概念，因此也无所谓“过去”。认为时间可以追溯到大爆炸以前就像某人声称自己介绍了自己的父母相识那样荒谬。

大爆炸之前也并无空间的概念。那时，任何事物的出现既不具备空间容纳条件，也没有时间条件。大爆炸发生后，宇宙从显微镜才可见的大小膨胀到今天的930亿光年宽，并仍在继续扩张。空间是大爆炸后的概念，时间亦然。大爆炸“之前”，如果没有空间可供物质移动，也就没有空间可供物质变化。如果没有变化，也就不会发生事件并创造历史。任何能够以时间度量的、有意义的事物都不存在。

因此，大爆炸“之前”，无所谓空间，无所谓变化，也无所谓“事物”的移动或变换。世界空洞、空白、空空如也。如果大爆炸之前有任何事物存在，那其存在方式于人类而言必定是全然陌生的，也不适用我们所知的宇宙基本法则。这样的事物不符合因果次序，也有悖于过去、现在和将来的时间旅程。

正因此，历史始于大爆炸。

从无到有是如何实现的?

人们持有这样一种根深蒂固的逻辑：任何事物的创造都

离不开来自他处的贡献。这也符合热力学第一定律：物质和能量既无法创造也无法毁灭，它们不过是转换了形态。但宇宙却仿佛凭空出现。

然而，大爆炸的瞬间，宇宙已经达到极致高温（1.42 亿亿亿亿开尔文），也就不存在适用于这一情形的物理定律。无论是热力学第一定律，还是凡事皆有所起的普遍观点，又或是其他理论统统失效。

除此之外，大爆炸后的 10^{-43} 秒之时，宇宙的体积微小到以量子单元衡量。而在量子世界里，万物的运行有所不同。量子范畴的微小能量，即虚粒子，它们不断产生和湮灭，从未停止。当下，就在构成你身体皮肤的原子之间，这一过程正在发生。虚粒子出现又消失，不知所起，不知所终。虚粒子在宇宙中的产生和湮灭已经得到物理学的确认，因此就宇宙起源而言，“从无到有”的观点并非那么难以置信。或许宇宙的诞生与虚粒子的出现有异曲同工之处。

另一重考量在于，惯常的因果次序在时间出现以前并不成立。伴随着因果关联，人类才得以进化，人们也预期看到事物之间存在这种联系。但没有任何一条物理定律要求宇宙必须脱胎于其他某处。

更进一步来审视“从无到有”这一概念，人类除了自己给“无”指定的含义之外，并不真正理解何谓“无”。简单来说，“无”意味着某种特定事物的缺失。这个概念在“我的杯子里空无一物”或是“我的钱包里一无所有，买不起酒”

的语境中说得通。但在真实严谨的物理学领域，宇宙中没有哪里算得上“绝对的空无一物”，哪怕是宇宙空间的最深处。宇宙中的任何一个位置都存在像恒星、行星、气体这样的“事物”，或至少包含微弱的辐射噪声。你的钱包里可能没有钱，但还有空气、借记卡、几张老旧的票根、灰尘，甚至可能还有只死苍蝇。科学家甚至无法制造出一个真正空无一物的人造空间。从物理角度上讲，不可能创造出一个“零能量真空”或一个连辐射都不存在的环境。那么“无”究竟存在于何处呢？似乎连“无”本身都是我们凭空创造出来的。

在宇宙中，“无”这一由人类创造且无法被复证的概念，从物理意义上讲并不成立，因此认为大爆炸“之前”宇宙处于“无”的状态也是一种巨大的想当然和逻辑跳跃。事实上，这样的表述从语法上讲全然不通。我们没有理由认为宇宙之外的某处真正满足“无”的概念，“无”也不会早于大爆炸的发生，那时连时间都尚未出现。“从无到有”的说法是我们的想当然，无论科学还是逻辑都不允许我们提出这样重大的假设。

为了理解并不适用于当今物理法则的原始宇宙是如何运行的，我们必须抛开一些最为基础的观念。灵长类动物的大脑为了生存和进化会直面一些我们无须理解的概念性难题。我们并非生来如此。以看待今天宇宙的视角考察原始宇宙，就像用面包炉来给朋友发信息一样不切实际。

于万物之始寻找答案

如果大爆炸的奥秘令你陷入不安，或者你并不满意这一解释，不妨思考以下几点：

1. 我们直到60年前才确认了大爆炸的发生。试想经过100年甚至1000年的科学探索后，我们针对宇宙起源问题将会给出多少种答案。

2. 如果这一谜团的答案对于灵长类动物而言是陌生的，也不符合宇宙中最基本的物理法则，那么这些答案（待我们得出之时）就仿佛虚言妄语。它们或许不能填满大爆炸理论在情感和哲学领域的空白，并如我们所想的探求更多意义和价值。

3. 我们或许不必在万物之始的问题上追求尽善尽美。若要探寻生命的真谛，就必须关注此刻，甚至设想我们所期待的历史终局。毕竟在人类生命中，多多少少对命运享有一定程度的掌控。如果人类继续存在，科学和技术继续发展，宇宙整体复杂性继续增加，又有谁能预料1000年、100万年及10亿年以后，我们将给历史带来怎样深远非凡的影响呢？

执着于童年创伤或是纠结于万物之始，通常并不能使我们获得哲学观上的满足并实现真正的价值。我们只能以敬畏之心利用宇宙赋予我们的时间。如果宇宙开端真的证明了什么，那应当是，看似微小的变化竟能产生决定宇宙结构的重大影响。

二 恒星、星系和复杂性

当宇宙中第一组氢原子和氦原子相互吸引结合时，就形成了气体云。气体云如此紧密地堆叠在一起，从而使原子相互融合发生聚变。聚变引发了威力巨大的核爆炸，第一代恒星由此诞生。恒星通过氢和氦的燃烧合成了碳、氮、氧等其他元素，这一过程持续到第 26 种元素铁的出现。之后，恒星经历超新星爆发，产生了诸如金、银、铀等更重的元素。自然界中能找到的 94 种元素都来源于与氢弹爆炸相同原理的核聚变反应，如此剧烈的核爆炸令人闻之色变。

如我们所知，大爆炸后的 10^{-43} 秒，宇宙迅速从量子级的粒子大小膨胀到葡萄大小。如果膨胀仍按照同样的速度继续，那么宇宙从葡萄大小发展到今天只需要一瞬间，完全不必耗时 138 亿年。但就在创始之初的一瞬间，能量分布出现了细微的不均匀。葡萄大小的宇宙中存在一些位置，其能量只比别的区域略多分毫，而余下区域的能量分布几乎是均匀的。正是这些蕴含了更多能量的细微之处孕育了恒星、星系、行星以及复杂性，形成了我们的历史。如若能量均匀分布，宇宙的复杂性将就此“夭折”，历史进程也会大为缩短。

随着那些非均匀分布的能量凝结成为亚原子粒子，宇宙中的第一种物质诞生了，宇宙也继续膨胀和冷却。

这时的宇宙充满了由氢和氦组成的气体云，并在膨胀的同时冷却到略高于绝对零度的温度，今天的宇宙也维持在这一温度上。从那一刻起，宇宙空间的绝大部分区域延续了其简单的结构和寒冷的气温，它们因缺少热量而无法在氢和氦之外创造出更多复杂性。大多数空间充斥着微弱的辐射，只有那些受不均匀的物质和能量主导的微小区域开始升温。

浴火而生的恒星

数百万年来，由氢和氦组成的巨大云团在不断膨胀的宇宙中漂浮。一片混沌之间少有其他物质，宇宙各处几乎是同质的。这个时期的宇宙暗淡又毫无生机，发生的变化不大，值得载入史册的大事件也不多。

大爆炸后的 5000 万年至 1 亿年间（也是从霸王龙灭绝

至今大致经历的时间跨度），在引力的作用下，由氢和氦组成的气体云密度越来越大。最终因云团核心位置压力过大，超过了通常令原子彼此分离的核斥力，氢原子相互撞击，并发生核聚变。足以引爆氢弹的核聚变带来能量的大爆发，于是忽然间星云转化成巨大的火球，火球又产生并抛射热量（即能量）。就这样，第一代恒星诞生了。恒星内只要有气体可供燃烧，核聚变就不会停止。

位于恒星核心的聚变带来了至少 1000 万开尔文的高温（大致是盛夏气温的 25 000 倍）。至此，宇宙再次创造出新的元素，而上一次元素的诞生还要追溯到大爆炸后的前 3 分钟。

宇宙诞生了数十亿颗恒星。大爆炸后 5000 万年至 1 亿年间出现的第一代恒星，因其周围有大量气体可供燃烧而体积巨大，约为太阳的 100 至 1000 倍。由于体积太大，它们的寿命不过几百万年。这些恒星爆炸时，抛射的物质再次相互吸引聚合，并形成第二代恒星。第二代恒星要小得多，寿命也有数十亿年之久。

引力开始吸引恒星彼此靠近，于是直径达 30~300 光年的星团就此形成。这些星团又相互融合，形成了更大的星团。自 137 亿年至 100 亿年前，星团不断合并，并在我们所处的宇宙空间里创造出银河系。银河系直径约 10 万光年，包含了大约 2000 亿颗恒星。全宇宙到处都有这样的星系融合，可观测宇宙也因此产生了约 4000 亿个星系。

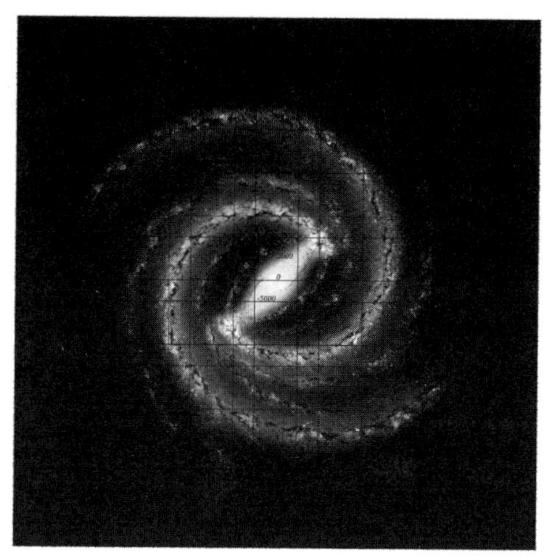

图 2-1 银河系

星系的诞生

130 亿年至 100 亿年前，各种各样的星系开始出现。漩涡星系（比如我们所处的银河系）占据了可观测宇宙中约 4000 亿个星系当中的 60%。大多数恒星都产生于漩涡星系。但是，因其球状隆起的核心区域恒星密布且超新星爆发太过频繁，星系核内的生命进化受到阻碍。只有在漩涡星系的旋臂处（也正是太阳系的所在），各个恒星系统之间的距离才足够遥远并可能形成生命。

透镜状星系（比如草帽星系）的中心也有同样的隆起但却没有旋臂。宇宙中 15% 的星系都是透镜状星系。这些星系内恒星的形成少之又少。

椭圆星系（比如武仙座 A）的中心处没有隆起，恒星的分布也更加均匀。椭圆星系是一类“濒临死亡”的星系，星系内几乎没有新恒星正在形成。它们占据了宇宙中全部星系数量的 5%。

不规则星系涵盖了那些不易分类的、形状受损的星系。它们占据全部星系数量的 20%。大部分不规则星系体积很小，并且通常在形成过程中因受到其他星系的引力而造成形状损毁。另有些不规则星系的形成尚无法解释。

目前公认可观测的宇宙中的星系数量约有 4000 亿个。但最近的研究显示，这一数量可达到 1 万亿至 10 万亿。这一相当大的估计数值增加了复杂生命体可能正在宇宙其他位置进化的概率。每个星系都包含了数百万、数十亿甚至数万亿颗恒星。这意味着关于生命进化的骰子将以相当可观的次数被反复抛起。

恒星的寿命

恒星的大小通过影响其燃烧速度而决定了恒星的寿命。太阳质量 8 倍以上的恒星会以超新星的形式爆发。不足太阳质量 8 倍的恒星则既不会爆发也不会产生更重的元素，而是走向灭亡。最大的恒星只能燃烧数百万年，稍小一些的可以燃烧数亿年，而最小、燃烧最慢的恒星寿命则可能达到 1000 亿至数万亿年之久。

宇宙大爆炸后的第一代恒星相当之大，并且已经在数十亿年前爆炸。脱胎于爆炸残留物的第二代恒星，包含了孕育于第一代恒星中的那些更重的元素。大多数第二代恒星已在过去的 130 亿年里灭亡，但许多第二代恒星在宇宙和银河系中仍然探测得到。

第三代恒星出现至今不过几十亿年。以先前两代恒星孕育的物质为基础，第三代恒星合成出丰富的重元素。大量元素在第三代恒星的外围形成了尘埃环，这些尘埃最终演化成行星。因此，第三代恒星四周更可能出现行星沿轨道绕转的景象。这样来看，第三代恒星（像我们的太阳）最有可能蕴藏着更为深远的复杂性。

宇宙生态

我们的太阳属于黄矮星，这类恒星的寿命有 40 亿年至 150 亿年，宇宙中有 10% 的恒星都是黄矮星。略小一些的恒星叫作橙矮星，其寿命在 150 亿年至 300 亿年间，在宇宙中占据 10% 的比例。最小的恒星是红矮星（质量约为太阳的 5%~50%），在全部恒星中占 70%。红矮星的寿命长达数千亿年，有的甚至可达万亿年之久，具体取决于其体积和燃烧速度。上述恒星在生命末期都不会发生超新星爆发，它们会慢慢耗尽能量，最终熄灭。

当像太阳这类的黄矮星中的氢和氦燃烧殆尽后，就会开始燃烧核心处越来越重的元素。于是，黄矮星不断膨胀，仿佛一头横尸水田的母牛，从此进入红巨星阶段。再过上约10亿年，红巨星会坍缩成白矮星。白矮星的核心处再无原子聚变，从此成为像人类尸骨一样的存在。它们将在宇宙中继续存在几百万年，直至彻底熄灭。红巨星和白矮星在恒星中总共占据了大约5%。

其余不足5%的星体显然更为罕见，但对于复杂性的演进来说却更加至关重要。它们就是超新星。恒星中有一类超巨星，其寿命在几百万年到几亿年之间（依大小而不等）。这些超巨星能够以元素周期表至铁为止的前26位元素为燃料发生核聚变反应。但任何一颗超巨星的核心都不足以提供足够高的温度燃烧元素周期表中铁元素之后更重的元素。一旦燃料燃烧殆尽，巨大的星体结构就会发生坍缩，并引发剧烈的大爆炸，于是超新星诞生了。超新星因温度极高因而能够合成出更重的元素，比如金、银和铀。自然界中存在的94种元素的产生都与超新星爆发有关，金一类的元素完全因超新星爆发而出现。正因为超新星在宇宙中不足5%，所以这类元素才十分珍稀。

恒星发生超新星爆发时，残骸会形成中子星。中子星密度极大、质量极高，燃烧的火光并不耀眼。如果两颗中子星碰撞，将会产生更多重元素。中子星体积非常小，直径仅有几十千米。如此巨大的质量汇聚于如此狭小的空间内，意味着中子星距离黑洞只有一步之遥。

本质上说，黑洞是一种由大量物质组成的高质量天体，其引力大到足以将组成黑洞的物质都吸入其中。引力会吸引黑洞周围的物质进入黑洞，造成附近空间的扭曲。尽管黑洞可能只是一个凌乱的物质集合，但仍有一些假说认为黑洞可以扭曲其附近时空，使其性质发生奇异的变化。比如，黑洞可能令所有物理法则失效，可能中断时间，也可能连接着其他维度或其他宇宙。

恒星与元素

目前的元素周期表包括 118 种元素，其中有 94 种是在自然界中可以找到的，而那些比前 94 种元素原子序数更高的自然元素，几乎瞬间就会衰变为原子序数更低的元素。更重的元素是人类实验室的产物，最近合成的一种元素是 118 号鿫（Oganesson），它于 2002 年由俄罗斯和美国的科学团队合成。

随着恒星由兴到衰，其内部复杂性不断增加。恒星消亡时，又一次将各种元素抛射到宇宙中。这些元素正是未来复杂性演化的基石。它们组成了难以计数的化学物质。直到今天，全世界的化学物质估计达到 6000 万至 1 亿种之多。

各种元素以原子的形式、按照一定的空间排列相互结合，从而形成更高级的结构，即分子，分子又构成了化学物质。比如 H_2O 分子（两个氢原子和一个氧原子）构成了水，

SiO_2 分子（一个硅原子和两个氧原子）构成了地球上最普遍的矿物质石英，人造结构 C_2H_4 分子（两个碳原子和四个氢原子）构成了世界上最常见的塑料聚乙烯。

接着，一些结构更为复杂的化学物质出现了，比如有机蛋白质。它们靠数千个原子间强烈的相互作用力结合而成。以能够为肌肉提供弹性的肌联蛋白为例，它的化学式是 $C_{169723}H_{270464}N_{45688}O_{52243}S_{912}$，其英文专业名称大致由 19 万个字母组成，仅仅将这些字母大声读出来也需要三四个小时的时间。宇宙中先是有了元素，之后分子以元素为基础出现，而这一演化竟对复杂性产生了如此深远的影响！与肌联蛋白一样，脱氧核糖核酸的基本成分（腺嘌呤、鸟嘌呤、胞嘧啶和胸腺嘧啶）所对应的化学式，其专业名称也相当冗长。但也正是它们为遗传信息编码，并使有机物得以自我复制、进化并孕育生命。

自宇宙中的 94 种自然元素出现并开始组成不同种类的化学物质后，宇宙已经准备就绪，它掌握了构成当今世界复杂性所需的全部要素。

然而，复杂性又是什么呢？

一以贯之的模式

从宇宙诞生至今的 138 亿年来，宇宙的演变呈现出一种一以贯之的模式，即从分散走向统一，宇宙的复杂性也因此不断增加。这样的变化创造了人类，人类又通过这一过程创造其他事物。大爆炸之后，组成物质的微粒首次出现，并慢慢演变成恒星。恒星又为所有化学物质的出现提供了原料，这些化学物质进一步构成了包括生命在内的地球上的一切。复杂性的增加同样定义了人类历史，推动历史从采集狩猎到古老的农业，再到现代社会的演进。在复杂纷繁的历史中，很难找到一条线索能将从始至终所有的事件串联起来。而不断增加的复杂性则是目前能够确认的唯一一条这样的线索。

物质组成了复杂的物体或生命，这就像是用经纬交错的绳线编制挂毯。物体或生命的形态依靠“汇入”其中的能量流动得以维持。例如，恒星需要不断燃烧气体、人类需要食物、手机需要电池。其原理是一致的，即我们需要能量的流动来维系生命。宇宙中再复杂的事物都符合这一规律。

物质和能量诞生于138亿年前发生大爆炸的那颗白色炙热的奇点。构成我们周遭一切事物所需的一切要素都起源于这一点。整个宇宙的发展史可以归结为，事物通过要素永无休止地转换而不断涌现出绝佳新形式的过程。

大爆炸之后，并没有新物质或是新能量在宇宙中凭空出现。热力学第一定律放之四海而皆准：新事物不是通过创造而产生的，旧事物也无法全然消亡。这意味着，构成皮肤的原子在宇宙伊始就已经以某种形式存在，并穿越浩瀚时空进化成今天的形态。从这个意义上看，今天的你来自138亿年前物质的重塑。

当生命走到尽头，身体的原子将会分崩离析，并在宇宙中再一次演化。一定程度上说，我们就是宇宙，与宇宙一体同生并且因为我们具备自我意识，至少暂时来看是幸运的。我们就像是镜子里的宇宙。

复杂性的运行机制

复杂性是一种由能量流动创造和维系的有序结构。氢原子是由一个质子和一个电子组成的结构；水分子是由两个氢原子和一个氧原子组成的结构；人的大脑以及大脑的发明成果——烤面包炉，都是复杂性的呈现方式；由 80 亿人口组成，并且涵盖了贸易和信息交换的关系网络当属复杂性最高的体系之一。

对于某种形式的复杂性，其构建基石越是多样化，组成的结构就越繁复，复杂程度也就越高。恒星含有大量的氢原子，由这些氢原子无序堆砌而成，因此复杂程度有限。再以一只狗作为对比，它由更为复杂的元素、DNA、肝细胞、脑细胞、血管和高度复杂的呼吸系统、循环系统以及神经系统组成。倘若将太阳核心处的几千个原子移至太阳表面，并不会对太阳产生任何影响。但倘若将狗的脑细胞换作肝细胞，狗一定不能再追着鸟儿奔跑。

正如在工厂里焊接汽车发动机需要能量，又如人类依靠进食才能维持生命，复杂性的创造以及延续都有赖于能量

表 2-1　不同体系消耗的能量流

复杂体系	能量流（尔格 / 克 / 秒）
太阳	2
接近超新星阶段的超巨星	120
藻类（可光合作用）	900
冷血爬行动物	3000
鱼和两栖动物	4000
多细胞植物（如树）	5000~1 万
温血哺乳动物	2 万
南方古猿（早期灵长类）	2.2 万
人类采集狩猎者（非洲）	4 万
农业社会（平均消耗）	10 万
19 世纪纺织机	10 万
19 世纪社会（平均消耗）	50 万
T 型车（约 1910 年）	100 万
真空吸尘器（当今）	180 万
现代社会（平均消耗）	200 万
普通飞机	1000 万
喷气发动机（F-117 夜鹰）	5000 万

流动。复杂性的增加同样需要更多的能量。如果能量流动中断，结构将会衰败，事物将会渐渐消亡。汽车会缓慢行进最终止步，植物会枯萎死亡，文明会衰落到只余下废墟。因此，我们可以使用通过某种事物的能量流的密度来衡量

复杂性。

某种形式的复杂性，其结构越是繁复，就越是需要以密度更高的自由能量流来创造和维系。宇宙中最简单也最古老的复杂性载体，比如恒星，每单位质量（克）并不需要太多的能量支持。相比之下，形成以及延续数十亿年的生物进化产物或文化创造成果则会消耗更密集的能量流。

复杂性的诞生

大爆炸后的一瞬间，时空出现了微小的波动（量子涨落），这样的波动带来了宇宙间能量聚合的非均匀分布。大爆炸后的 38 万年，能量聚合被宇宙背景辐射这张快照记录下来。通过能量聚合，构成物质的微粒首次凝结产生。如果能量均匀分布，复杂性将不复存在。

能量流创造并维系了复杂性。只有不同位置存在能量差异，才会引发流动。如果能量在创世之初是均匀分布的，能量就不必流动。这样的话宇宙将一成不变，复杂性不会出现，宇宙从始至终只存在少量辐射。简言之，宇宙将毫无历史可言。

与假设相反，非均匀分布的物质和能量聚合创造出第一代恒星。恒星又创造出元素周期表中所有其他的自然元素。元素形成了分子和行星。在其中一颗行星，也就是地球上，更多分子相互结合创造了生命。一部分生命进化出意识并具备了创造其他事物的能力，同时不断修正和改进那些新创造的事物。

从恒星到生命，再到技术进步，我们始终需要更多的能量流来创造、维系和增加复杂性。138 亿年来，宇宙在某些微小的点上进化出比其他区域更高的复杂性。这也符合历史从始至终的主题——从分散走向统一。大爆炸带来了宇宙间不均匀的能量分布，接下来的 138 亿年里，能量又开始从高处向低处流动，于是产生了能量流，演化出令人称奇的万事万物。

复杂性的消亡

然而，历史上复杂性的增加也伴有一丝讽刺意味。来自恒星的能量之所以能够哺育植物进而供养动物以及支持人类的脑力活动，是由于热力学第二定律的存在。该定律指出，能量会自发地趋向平衡，并且这一自发过程仅允许能量从高处流向低处。短期来看，能量的流动可以创造复杂性。但由于能量趋向均衡，最终流动将会停止，复杂性也将消亡。

复杂性创造了生命，反过来终有一天也会剥夺生命。只有死亡才能换取生命。尽管这更像一个哲学问题，但它也是全宇宙的现实归宿。

只有在那些能量非均匀分布的微小的点上，复杂性才能持续增加。而宇宙的其他空间几乎全部陷入沉寂，不会再产生复杂性。正因如此，创世之初的能量聚合才对人类至关重要。

事物越是复杂，所需的能量流就越多，消耗能量流的速度也越快。例如，一只狗每天需要的能量流超过一个微小菌落。一辆轿车需要的能量则相当之多，以致要消耗埋藏在地下数百万年的有机物经压缩转换生成的石油和汽油。狗会产生排泄物，汽车的尾气管会排放尾气，并且这些废弃物中有些永远都无法再利用。

宇宙中的能量终将消耗殆尽，那是数万亿年以后的事情了。事实上，总览漫漫历史长河，宇宙趋向于回到能量均匀分布的状态，而复杂性不过是这一过程的一个副产品。宇宙的终点除了微弱的辐射将一无所有。寂静无声，既无历史，又无变化，也不存在复杂性。这个状态称作热寂。

在我们的故事中，复杂性崩塌的威胁始终存在。待到故事接近尾声，我们将再度回到热寂这一威胁上来。而现在，你只需牢记生命之源也可能带来死亡。热力学第二定律既是世界的创造者，也是毁灭者。

打破热力学第二定律的唯一方式就是经过此后数百万年的科学进步，宇宙进入一个超级文明时代，那里的复杂程度足以改变宇宙的基本法则。

三　地球的起源

宇宙中有了太阳，太阳又吞噬了太阳系中 99% 的物质。余下的 1%，在太阳外围形成一个超过 1 光年宽的尘埃环。每条轨道上的尘埃通过吸积[1]作用演化成行星、矮行星、小行星和彗星。其中一条轨道见证了一系列惊心动魄的天体碰撞，随后地球诞生。地球不断冷却，圈层分异和轰炸期创造出第一片海洋。此后，长链有机物开始在海洋中形成。

我们所处的银河系起源于 135 亿年前由第一代巨星组成的星团。一开始，星团高速旋转形成了一个扁平的碟形，并且中心处出现一块隆起。附近的星系在引力的作用下与银河系合并，银河系不断增大。100 亿年前，银河系发生了最后一次合并。如今，我们的银河系直径 10 万光年，包含了

[1] 吸积是指致密天体由引力俘获周围物质的过程。——译者注

2000 亿至 4000 亿颗恒星。

银河系形成几百万年后，第一代恒星就彻底消亡了。大规模的超新星爆发创造了氢、氦和其他重元素。在引力的影响下，这些元素再度相互吸引并创造了全新的恒星。第二代恒星又在宇宙中发光发亮数十亿年。

45.67 亿年前，又有一颗恒星发生了超新星爆发。它距离今天太阳系在银河系旋臂上所处的位置 1 光年远。这场超新星爆发为从氢到铀共 92 种自然元素的出现埋下了火种。超新星爆发释放的能量使附近的炙热气体云开始形成第三代恒星。太阳的熊熊之火就此点燃。由于太阳的引力极大，太阳系内的绝大部分物质都被它吞噬，其余的 1% 则在太阳周围形成了一个由微小尘埃颗粒组成的圆盘。爆发的残留物又沿着各个方向扩散了 1 光年远。

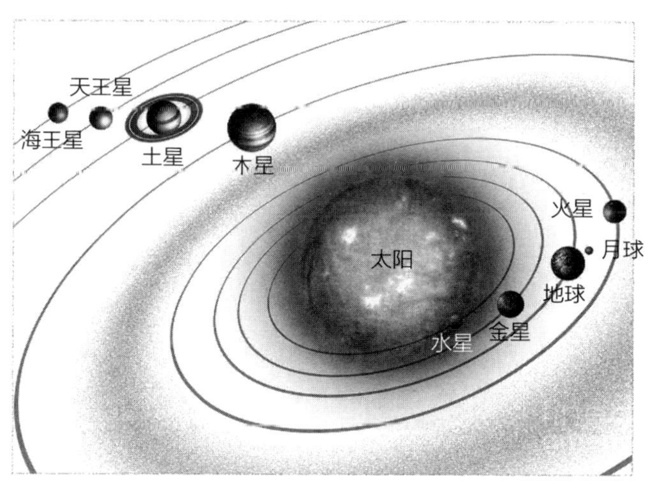

图 3-1　太阳系

早期的太阳系尘埃包含了 92 种元素，这些元素在真空中迅速合成出 60 种不同的化合物。太阳首次聚变反应将绝大部分没有被太阳吸聚的氢气和氦气抛射到太阳系外圈。这也解释了为什么太阳系内圈的行星（水星、金星、地球和火星）是岩石行星，而外圈行星（木星、土星、天王星和海王星）则是气体巨星。

太阳系

太阳周围的尘埃组成了一个扁平的圆盘，同时尘埃也开始围绕着太阳高速旋转，类似于银河系的旋臂围绕着星系中心的隆起旋转。这是天体公转轨道的雏形。随着尘埃的高速旋转轨道形成，每条轨道内的一切物质都通过静电和缓地吸附在一起。现在，每条轨道中都出现了一颗行星，轨道内的尘埃也在迅速增大，其体积从岩石大小增加到巨石大小，再到堪比山峰。

接下来的 15 000 年里，太阳系遍布着数百万个直径大于 10 千米的天体。此时的天体碰撞显然没有之前和缓。撞击产生了热量，发生撞击的两种天体也因热量合二为一。又过了 1000 万年，太阳系出现约 30 颗原行星，每一颗大致都与月球或火星一样大。小行星带是个例外。小行星带附近的木星，其引力阻碍了诸多小行星彼此碰撞并发生吸积，致使小行星带未能演化出真正的行星。数百万年后，原行星也以骇人的撞击力相互碰撞，并最终留下 8 颗行星各自在所处的轨道上运转：

1. 水星距离太阳 3 光分[1]远，体积是地球的 5%。其温度变化幅度极大：夜间低至 –170℃，日间高达 427℃。

2. 金星距离太阳 6 光分远，体积与地球非常接近。金星因大气层中二氧化碳的密度极大而积聚了大量来自太阳的热量，其表面温度足以熔化金属铅。若非金星大气层的二氧化碳含量过高，它也可能孕育生命。

3. 地球距离太阳 8 光分远。就距离而言，地球处在太阳系宜居带内。当然，我们知道地球适宜生命演化。稍后本书会再度回到地球的问题上来。

4. 火星距离太阳 12.5 光分远，体积是地球的 10%。这也意味着火星大气层厚度有限，大概是地球大气层的 1%。火星上的水无法以液态形式存在。大部分水都凝结成冰，这也降低了火星存在生命的可能性。

[1] 光分是长度单位，指光在真空中 1 分钟内所行走的距离，1 光分约 1799 万千米。——译者注

5. 小行星带外的木星距离太阳 43 光分远。木星的 99% 都由氢气和氦气组成，其直径是地球的 11 倍，质量大致是地球的 320 倍。木星上天气变化剧烈，这也抹杀了其演化生命的可能。在厚重的云团下，木星表面或遍布大量的固态氢，即氢气被极度压缩至固态。木星的卫星可能已经孕育出生命，理论上这一假设在其卫星欧罗巴上或可成立，但至今这一问题依然成谜。

6. 土星距离太阳 78 光分远，体积是地球的 9 倍，质量是地球的 95 倍。土星和木星一样，不太可能进化出生命。但土星拥有 62 颗卫星和一个由冰块和岩石组成的土星环。土星环也是土星的一大特征（木星也有行星环但要小得多）。土星的卫星中，最有可能进化出生命的就是泰坦，但即使如此，泰坦上的生命也将与地球生命迥然不同。泰坦温度极低，水始终呈固态，甲烷气体则呈液态。因此，如果这片由液态甲烷汇聚成的汪洋大海能够孕育生命，这些生命与地球海洋生命在呼吸方式上也必然相去甚远。

7. 天王星距离太阳 2.5 光时[1]远，体积是地球的 4 倍，是太阳系中最寒冷的行星。天王星上风速惊人之快，其大气

[1] 光时是长度单位，指光在真空中 1 小时内所行走的距离，1 光时约 10.79 亿千米。——译者注

层和巨大的气压在很多方面都和其他气体巨星类似，这也意味着天王星很难演化出更高的复杂性。

8. 海王星距离太阳 4 光时远，是太阳系中最遥远的一颗行星。因太过远离太阳，海王星公转一周耗时 165 年。和天王星很像，海王星也极为寒冷，它的大气层由氢气和氦气组成，核心主要是冰块和岩石。

9. 冥王星自 1930 年为人类所发现以来，一度被视作行星。它距离太阳大约 5.5 光时远，是当时人类使用望远镜能够看到的类似行星的天体中最远的一颗。但与八大行星均清除了轨道内的其他天体有所区别，冥王星的轨道上仍另有天体存在。数十年后，冥王星附近又有矮行星为人类所发现，且有的矮行星比冥王星还要大，比如阋神星。正因如此，冥王星于 2005 年痛失行星身份。此外冥王星恰与动画片中的卡通狗布鲁托（Pluto）重名，不过这并不是学界将它移出行星之列的原因。

10. 柯伊伯带是由行星碰撞残片组成的环形带，其内圈离太阳 5 光时远，外圈离太阳 7 光时远。柯伊伯带包含诸如冥王星、阋神星、卡隆星、元神星、妊神星和鸟神星等大量矮行星，也包括许多小行星、结构简单的冰球、氨和甲烷。整个柯伊伯带的质量不太可能超过地球质量的 10%，因此也就没有足够的物质孕育大型行星。

奥尔特云内侧距离太阳大约 27 光时远，这意味着光到达奥尔特云耗时超过 1 天，但它却仍在太阳的引力范围内。奥尔特云由冰冷的星子和彗星组成，并一直向远离太阳的方向延伸，半径足有 1 光年远。它甚至可能延伸到离太阳 3 光年远的区域，那里已经靠近 4.2 光年远处临近太阳系的另一恒星比邻星。这个由寒冰组成的天体代表了太阳系的边缘，是我们和其他星系的分界线。

除了太阳系，银河系包含 2000 亿至 4000 亿颗恒星。这些恒星系统中又有许多都包含行星。仅仅是观测银河系中约 0.000 000 000 000 000 000 9% 的恒星，我们就已经在附近的类太阳系中找到数千颗属于它们的系外行星（存在于太阳系外的行星）。银河系中的行星总数必定达数万亿之多。据估计，银河系中大约有 3 亿颗行星能够像地球一样维系生命。这意味着地球之外存在生命的概率相当高，我们很可能并不是宇宙中的独行者。加之宇宙中的星系达 4000 亿甚至数万亿之多，地球之外出现生命的概率就更大了。

地球

随着早期太阳系中的 30 颗原行星继续以极为巨大的威力相互碰撞，经碰撞合并后的行星越来越大。大约在 45 亿年前，有两颗行星在地球现在所处的轨道上运行。接下来的故事情节呼之欲出。

这两颗行星中，一颗大致是地球的大小，另一颗——我们称其为忒伊亚——大致是火星的大小，它们彼此猛烈碰撞。那颗地球大小的行星吸收了大部分碰撞产生的碎石残片并经历重塑。但残骸中的 1.2% 漂入了地球的轨道，它们拼拼凑凑组成了月球。

图 3-2　地球和忒伊亚相撞

由于行星碰撞的熊熊火光还在燃烧，因此地球仍保持着极高的温度。它也不断遭到小行星的撞击，撞击的破坏性之大，可与核战争相提并论。随着地球持续不断地吸积轨道中靠近它的物质，这些物质的总质量所产生的压力为核心处带来高温。简而言之，45 亿年前的地球是熔化且黏湿的。这个像布丁一样的凝胶状球体以数千度的高温燃烧并沸腾。

于是地球的圈层分异开始了。这个处于熔融状态的球体由泥泞的半液态岩石组成，各种物质自然能够从中自由穿过。地球如同一碗滚烫的热汤，许多诸如铁和金这类质量很大的元素都沉入了地球最为核心处。地球的铁质核心半径为3400 千米，也正是由于铁核的存在形成了地球磁场。

逐渐冷却的地壳只含有微量的重元素，正因如此，金一类的物质才如此稀少难得。但假设能够深入熔融态的地幔和地核，那就能找到足够多的金以镀满海洋间的每块陆地，为整个地表披上一层金光闪闪的外衣。

地表遍布质量较轻的元素。在地球这碗“热汤”的最上层，经沸腾形成一层由硅（组成地球的一种主要化学成分）、铝、钠和镁组成的硬壳。所有元素中最轻的那些，比如碳、氧和氢则以气体的形式向外喷射，并形成了地球早期的大气层。

在后期重轰炸期[1]，冷却的地壳不断遭遇小行星撞击的侵扰。“热汤”顶层的地壳才刚刚开始凝固，接踵而来的撞击就摧毁了这层薄薄的外壳，并使整个地球再度升温。直到大约 40 亿年前，轰炸期才画上句号，地壳也得以完全固化。

即使在为岩浆所吞没的极端环境下，地球也演化出了更高的复杂性。忒伊亚撞向地球时，地球上大约存在 250 种化学物质。待圈层分异结束后，地球上已经出现了 1500 多种化学物质。

---

[1] 后期重轰炸期是指约于 41 亿年至 38 亿年前，在月球上形成大量撞击坑的事件，这些撞击对地球、水星、金星及火星也造成重要影响。——译者注

丈量地球

即使到了今天，与地球结构中的其他位置相比，地壳仍单薄且脆弱。人们或许会对这样的形容感到惊讶，毕竟于人类的感官而言，岩石林立的山峦和漆黑多石的矿井巷道相当坚实，但“热汤表面的油膜”的确恰如其分地描绘了地壳的特征。地壳包含地球上大量较轻的元素，重一些的元素含量极低。其厚度只有约 35 千米，在海洋底部的某些位置上更是仅有 7 千米厚。

地壳之下就是上地幔。上地幔压力极大，气温超过 1000℃，骇人的岩浆就此形成，岩浆也会偶尔随火山爆发而喷出地表。上地幔延伸至地表下约 650 千米深处，为一片熔化的岩浆岩所淹没。再向下就是下地幔，下地幔深入至地表下 2900 千米深处，那里因温度极高，岩石完全呈现液态。

更深处是地核。外地核基本由液态的铁和镍组成，并一直延伸到地表下 5200 千米深处。外地核与内地核相接，内

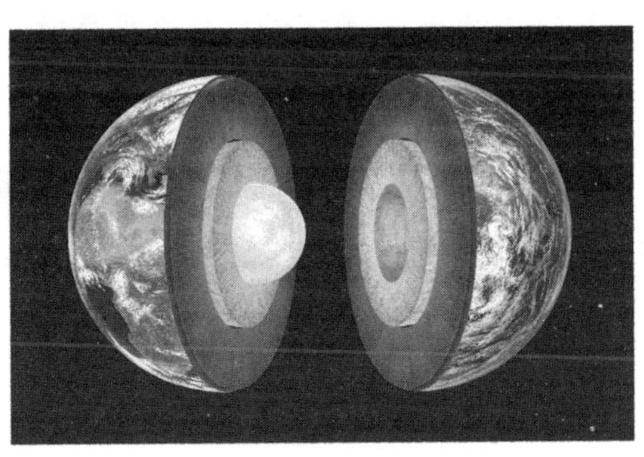

图 3-3　地壳、地幔和地核

地核深入至地表下 6370 千米处地球的最中心地带。极为炙热的内地核本应处于熔融状态，然而在巨大的压强下，内地核如同固化。地球核心处的温度高达 6700℃。

水深火热的地球

45 亿年至 40 亿年前，地球处于冥古宙时期。之所以如此命名这一地质时期，是由于当时地球正处在幽冥般水深火热的苦海中。那时地球表面仍不低于 100℃，液态水无法形成。有些地方高达 1500℃，地球浸没在岩浆涌动的汪洋里。

即使是陆地，也只有纸一样薄。随着圈层分异，较轻的气体逃离地球内部，以蒸气的形式从陆地的裂缝中喷射出来。火山也参与了这一过程。火山从地表喷薄而出，岩浆奔涌、烟尘灰烬不绝。岩浆冷凝结成固体并不断堆高，有些火山的高度更胜于珠穆朗玛峰。

冥古宙时期，天空呈现可怕的红色。此时大气层以二氧化碳为主（约占 80%），氧气的含量微乎其微，距离含氧大气的形成还有很长时间。由于太阳形成的时间不长，燃烧的火光也不甚亮，于是天空在红色之外又多了一抹挥之不去的浓重阴影。如果此时有《指环王》（*The Lord of the Rings*）的“索伦之眼”高悬天空，那么它看上去一定和天色融为一体，毫不突兀。

大约在 45.1 亿年前，忒伊亚撞向地球。地壳多处损毁，地壳的残骸和大量岩浆一并抛射到太空中。这颗火星大小的行星与地球相撞所产生的巨大破坏力不容小觑。如果撞击发生在今天，它将抹去地球上所有生命的痕迹，甚至汪洋大海也可能蒸发一空。与 6600 万年前致使恐龙灭绝的小行星撞击地球相比，忒伊亚的威力大约是它的 450 倍。

月球不断吸积增大并终于浮现天边，那时它与地球的距离比今天要近得多（月球以每年 4 厘米的速度远离地球）。当月球运行到天空正上方时，会大面积遮蔽天空，月球的引潮力自然更加强烈。每 12~15 小时，在引潮力的作用下，数千米高的滔天海啸都会从地球上席卷而过。但掀起海啸的并非海水，而是熔融状态下的岩浆。

水深火热还不止于此。在此后的大约 5 亿年里，地球都处于不断被小行星撞击的大轰炸期内，这种撞击在约 41 亿年前的后期重轰炸期尤为剧烈。数百万颗小行星撞向地球，进一步损毁了本就单薄脆弱的地壳。地球扫清公转轨道周围宇宙残骸的同时，持续遭受灾难性的撞击。有些撞击的威力堪比核灾难，还有些撞击比核灾难剧烈 100 倍（这一数字绝非夸张），这取决于小行星的大小。不同于 6600 万年前的白垩纪灭绝，小行星的撞击接连不断地持续发生。

自不必说，在如此残酷的环境下，无论何种生命都不可能幸免于难。此时此刻，太阳系内根本没有像生命这样复杂事物的容身之处。地球还需改变，才能孕育微小而脆弱的生命，才能唤醒艰难而渺茫的生机。

海洋之始

尽管冥古宙时期地球遭遇重创，但这段历时 5 亿年的苦厄时代终有尽头。圈层分异使地球内部的氢气和氧气逸出到大气中，这一过程被称作地球的“排气”。轰炸期内数百万颗小行星撞向地球，同时也带来了无数吨来自太空的寒冰。冰块迅速化为水，水分蒸发后也飘向大气。地壳在日积月累的冷却过后，形成黑灰色的火成岩地貌，不再为岩浆所淹没。此时地表温度已经低于 100℃，并且仍在持续降低。直到某天，大气层中越积越多的水蒸气再也无法逃逸到太空中，只能聚集在地球周围。

接下来的情景一如《圣经》中的大洪水。雨水倾泻如注，何止 40 个日夜，数百万年里，暴雨横扫地球，不曾停歇。于是地表的深沟和低地积满了水。大约 40 亿年前，地球多为海洋所覆盖。只有那些最高处的岩石，也就是我们的陆地，伫立于汪洋大海间。但即使是陆地上，也有湖泊散落其间，江河从中穿行。也是在 40 亿年前，冥古宙落下帷幕，太古宙掀开序章。

关于太古宙时期，以下几点值得一提。首先，由于地球诞生时间不长，地壳下的部分仍然极为炙热。地球内部释放出大量地热能，这些能量有助于生命的诞生。此时太阳的能量（太阳热能）还相当微弱，并不是孕育早期生命的最佳能量来源，地热能恰好弥补了这一不足。但即使地表出现了生命迹象，缺乏臭氧层的保护，太阳辐射会径直照射到地球表面，并将生命的萌芽扼杀在摇篮中。因此，就这一阶段而言，生机最有希望蕴藏在温暖并且能够避开太阳辐射的深海里。

太古宙时期的月球也如庞然大物。月亮悬于天空，其引潮力在每一道海岸都掀起滔天巨浪。但至少这时的大浪由海水而非岩浆组成。随着持续不断地岩浆喷发和地球排气，陆地形成大量火山。火山爆发释放的气体以二氧化碳为主，这也是当时大气的主要成分。关于陆地另一个值得注意的关键点是，陆地完全由岩石构成。当时，多见于平原和森林的绿色植被尚不存在。相反，地球看上去和月球表面相差无几，不过是多了水资源。

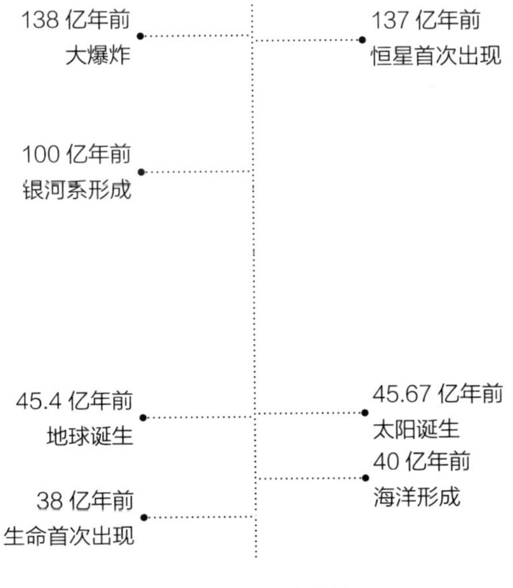

图 3-4　时间线

就这样，生命诞生前的历史走到了尽头。除了拍打石质海岸的海浪声外，太古宙时期的地球了无生机、万籁俱寂。我们本可能永远停留在这一幕。若非一个小概率事件的出现，历史已经接近尾声。为了探究下一个层级的复杂性，我们需要将视线转向海底。那里埋藏着第一颗微小的生命种子，它将穿越时空开枝散叶。

第二部分

生命阶段

（38 亿年至 315 000 年前）

PART 2

四 生命与进化

地球开始苏醒。奋力一搏，或有生机。圈层分异和小行星撞击创造出地球上第一片海洋。海洋又成为孕育长链有机物的摇篮。这类有机物通过自我复制和进化拉开了生命的序幕。部分生命可以进行光合作用。但光合作用的产物扰乱了大气成分，并导致大量生物灭亡。真核生物和有性繁殖的出现有如绝处逢生。到最后一次雪球地球时期，第一个多细胞生命诞生。

待暗流涌动的太古宙行至38亿年前时，生命出现了。我们通过太古宙时期留在岩石上的早期微生物遗迹确定了这一时间点。来自35亿年前的化石真切地记录了这些细小微生物的“足迹”。即使是如此简单的原始生命，在复杂性上也超越了此前出现的一切。

40亿年前，地表温度降至沸点以下，连绵数百万年不绝的降雨创造出第一片海洋。这些先决条件对于生命演化至关重要。生命在坚硬的岩石中无法移动，也就不会萌发；生命亦不会出现在暴露于太阳辐射之下的地表上或稀薄的气体云雾里。液态水，也可将它比作一碗汤，为有机物的移动和结合提供了最为适宜的环境。原始生命相当之脆弱，其形成已经是一个奇迹，而海底正是孕育它们的绝佳摇篮。

但是生命从何处可以获得能量流进而演化出更高层级的复杂性呢？最有可能的答案是来自海底火山或火山的“喷出口”。地热能从地壳的裂缝中喷薄而出，于是火山边缘处的微生物便浸浴在高温里。

现在地球已经有了水和热量，就像是准备好了汤和炉子，仅欠原材料。太古宙时期的海洋富含各种有机物，它们通过圈层分异溢出地表。自然而然，这些有机物大部分都由元素周期表中最轻的一类元素组成，比如碳（所有的地下生物都以其为基础）。碳也是一种最广泛存在于化学物质中的元素。我们目前发现的化学物中，约有 90% 都包含关键性的碳链。

除了碳之外，对于生命的自我复制而言同样必不可少的还包括氢、氧、氮和磷。38 亿年前在海底火山口的边缘处，上述元素组成了复杂的有机物：氨基酸和核酸碱基。至此，组成有机物的基本单位已连接成长链。

氨基酸对于供养生命而言至关重要。食物中可以找到氨基酸。它们是由碳、氢、氧和氮连接成的一个大约含有 9 个原子的结构。氨基酸是组成蛋白质的基石。每个蛋白质分子由平均 20 种氨基酸缠绕而成的链组成，有些蛋白质的组成则更为繁复。蛋白质的用途在于实现细胞的多种生命活动，包括消耗能量以延续复杂性、繁殖、生成多种多样的性状、对环境作出反应以及单纯地在细胞间运输物质。

另一方面，核酸碱基则是组成核酸（脱氧核糖核酸和核糖核酸的基本成分）的基石。这些关键性的碱基分别是腺嘌呤（$C_5H_5N_5$）、鸟嘌呤（$C_5H_5N_5O$）、胞嘧啶（$C_4H_5N_3O$）和胸腺嘧啶（$C_5H_6N_2O_2$）。正如所见，自从创世之初氢原子出现以来，我们在复杂性演进的道路上已经走了很远。

脱氧核糖核酸：性别差异的决定者

脱氧核糖核酸（DNA）存在于所有的活细胞中。作为一个数据库，它能够向蛋白质传达那些决定了细胞性状和表现

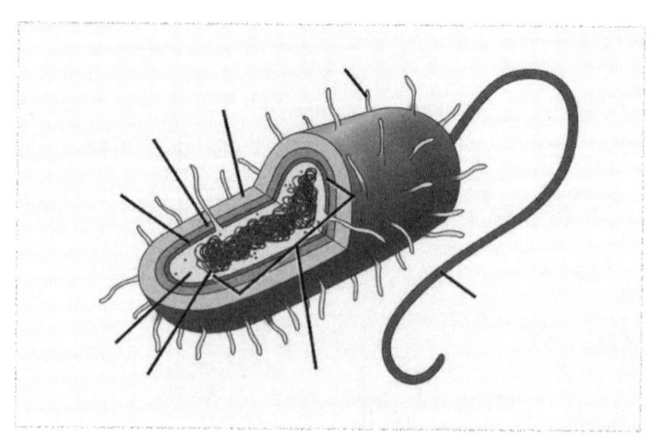

图 4-1　原核细胞

的信息。DNA 相当于有机生命这台电脑的“软件”，就像是一张包含了电子游戏运行指令的磁盘。它决定了生命的形态特征和行为方式。从动物的尖牙到人类的雀斑，从低沉吼声到开怀大笑，都取决于 DNA。

DNA 由数十亿个原子组成的两条链，以双螺旋形彼此缠绕而成。每条链都包含很多核苷酸，核苷酸又由前述的核酸碱基组成，而这些核酸碱基很可能孕育于太古宙时期的海洋。腺嘌呤、鸟嘌呤、胞嘧啶和胸腺嘧啶 4 种核酸碱基储存了基因信息。它们就像是电脑游戏磁盘中的那些 1 和 0 的编码。

那么又是什么充当了有机生命这台电脑的硬件呢？答案是核糖核酸（RNA）。RNA 只包含一条链，它承担了获取并传递 DNA 指令的功能。这些指令会到达活细胞中负责合成蛋白质的细小蛋白颗粒（即充当蛋白质制造厂的核糖体）。实现这一过程时，RNA 首先解开 DNA 的双链，读取双链中的指令，或者说读取那些 1 和 0 的编码。接着它们再向蛋白质发出合成的“行军令”。蛋白质收到指令便开始组建有机体。RNA 和蛋白质既是必不可少的磁盘读取器，也是生命体这台电脑本身的微芯片组件。

38 亿年前，以堆积在火山口的高度结构化的酸性有机沉积物为原料，一些极为复杂但却看似随意的化学反应出现了。这一过程又是如何演进的呢？

进化源起

有关复杂如 DNA 和 RNA 的结构如何从基础性的有机物进化而来，在研究史上仍是一页空白。但是这些结构一旦出现，化学反应就势不可当了。

DNA 能够自我复制（或复刻），从而不断向其余的活细胞传递指令。在这一过程中，一个细胞分裂成两个。通常这种复制是完美无缺的，但偶尔也会发生错误，即出现变异。变异意味着 DNA 指令遭到轻微的修改。变异发生的概率或许是十亿分之一，其结果是进化出一种与先前物质略有差异的新型有机体。

倘若每次 DNA 的自我复制都完美无瑕、从无纰漏，那么今天的生命形态将与 38 亿年前一模一样，生机仍然仅限于海底火山的边缘处。生命演化将就此中断。正是 DNA 变异带来了生物学意义上的历史性变迁。

有些变异对于有机体来说是致命的，有些始终不会影响生命体的存续，还有些则颇为有益。通过有效变异进化出的有机体能够一次次自我复制，生命由此延续。那些最为适应某个特定环境的变异体才能够持续存在，而不具备这些变异能力的 DNA 以及作为其载体的有机体则被淘汰出局。

这就是进化的本质：基因的自然选择不取决于某个个体或是整个物种的选择，而是建立在基因进化的有效性之上。随着环境改变，那些最为适应环境的基因也在改变。

于是，我们掌握了萌发于火山有机沉积物的生物体的所有关键性特征：创造和维持生物体的能量流来自富含地热能的火山口及其附近的氨基酸（新陈代谢过程，即消耗能量）；生物体以自我复制的方式繁殖（繁殖性）；生物体以有效变异的方式不断改变性状（适应性）。这三者共同构成对生命的最佳定义，也解释了相比于无生命的宇宙空间，生命的独特之处。

随着 38 亿年前海底火山边缘处的有机体开始自我复制和进化，火山沉积物演变出多种多样、前所未见的新形态，这些新生物质最终遍布地球。每种细菌、每株植物、每只动物和每个人都是对 38 亿年前海底火山泥的重塑。正如达尔文在

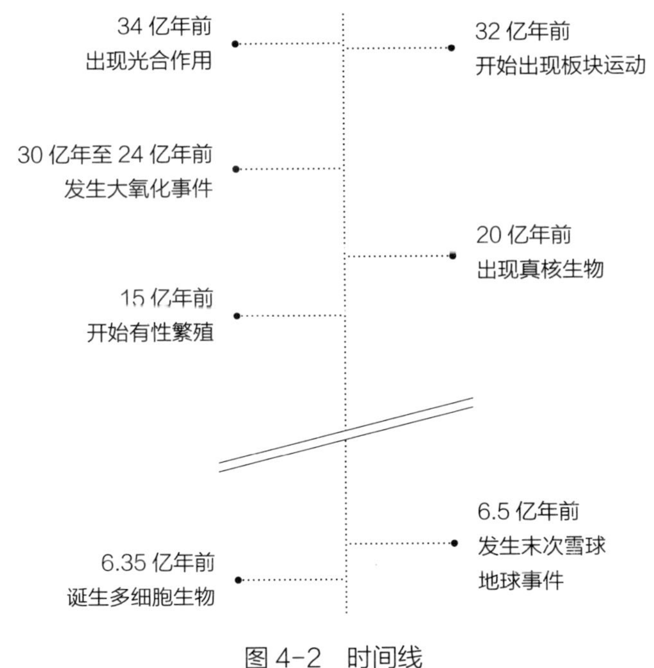

图 4-2　时间线

《物种起源》结尾所说:“无数最是美丽、最是奇妙的生命形态从最简单处演化而来,并依然处于演化之中。”

光合作用之始

埋藏于海底的早期有机体从海底火山的地热能中摄取能量,并以周围的化学物质为食。当然这些有机体非常简单。它们是原核生物:一种微小的、没有细胞核的单细胞有机体。其 DNA 不受细胞核的包裹,于是进一步增加了它的 DNA 受到损伤的风险。这些原核生物并非有性繁殖(多么可怕!),而是通过细胞克隆的分裂方式进行繁殖。细胞每隔几分钟就发生一次分裂和复制,有些细胞克隆仅需几秒。

太古宙时期,细小的原核生物遍布海洋。后来,海底可供食用的物质不再充足,更加紧缺的是海底火山周围的“地块”,即原核生物的生存空间。为了生命进化,一些原核生物来到海洋表面。于是,地热能为太阳能所取代。

34 亿年前,靠近海面的原核生物利用水、阳光和二氧化碳来实现自给自足。这和今天的植物类似。原核生物是最早实现光合作用的生命体。它们以水中的氢和空气中的碳为原料,以太阳能为驱动力,二氧化碳中余下的氧则作为废气被排放出来。

微生物的光合作用悄无声息地持续了 4 亿年之久。这一时长是人类平均寿命的 500 多万倍,相当于第一条“鱼”从海洋爬上陆地直到今天所经历的时长。

一些进行光合作用的生物开始形成大型群落，这些群落高达 50~100 厘米，其沉积结构称作叠层石。叠层石化石遗迹可见于今天澳大利亚西部的鲨鱼湾。它们的形成距今已有 30 亿年。

氧气之灾

即使仍处于生命演化的初期，已有的生命体也呈现出毁灭生存环境的倾向。如上所说，初代进行光合作用的微生物会消耗掉二氧化碳中的碳，多余的氧气则作为废气被排放出来。参与光合作用的生命体无需氧气，并且大体都对这种“有毒”气体避之不及。这是由于氧气的性质非常活泼，会引发剧烈的化学反应。大量聚集的氧气能够杀死原核生物。所幸，34 亿年前，大气中的氧气含量还微乎其微。

但这一情形慢慢发生了变化。

大约在 30 亿年前，海洋里不计其数的原核生物通过光合作用释放了大量氧气，而氧气不能再像以前一样为地壳岩石所吸附。于是多余的氧气进入大气中。到了 25 亿年前，大气中氧气含量从可以忽略不计增加到占据约 2.5% 的比例。这对于那些尚不适应有氧环境的有机体来说，杀伤力已足够大。

大量的原核生物物种、所有可能的生命祖先纷纷灭绝。尽管受到影响的只有微小的单细胞有机体，但这却是地球历史上最为致命的一次物种灭绝，并且也是地球生命无意之中自取其祸造成的。

值得注意的是，这是一场漫长的死亡之旅。整个过程持续了大约 5.5 亿年，相当于从寒武纪生命大爆发到今天的人类社会所经历的时长。这些复杂性不高的细小微生物曾需要历经更长的岁月才得以进化并对环境产生影响。然而待到生命的力量为环境所觉察时，这股力量已经势不可挡且无可挽回了。

宇宙中微小的变化也能带来显著的影响，我们将在进化史继续讨论这一主题。

板块运动

38 亿年至 32 亿年前，蕴藏在地表下的熔岩和岩浆不断对地壳施加压力。而这时的地壳与地幔和地核相比，简直薄如蛋壳。烈焰般的岩浆活动所产生的高压触发岩浆喷出地表，发生大型火山爆发。强大的火山羽喷出或许造成了薄如蛋壳的地壳出现“缝隙”。

到了 32 亿年前，规律性的、连续的板块漂移开始了。地幔中岩浆和黏湿的熔融态岩石不断流动，上方地壳在它们的冲击下破裂成一个个板块。这一过程叫作地幔对流。对流导致板块漂散，并通过移动陆地、塑造山峰、创造海洋、引发大量地震和火山喷发的方式不断改变地表形态。

不妨想象一下炉子上煮着一锅蛤蜊浓汤。厨房的冷空气使汤的表面结成一层薄膜。但薄膜之下的液体仍在沸腾。如果沸腾太过剧烈，就有可能使薄膜“破裂”，并推动碎块在锅里流动。无论如何，板块运动或者说“浓汤化”的板块运动，简单来看就是如此。

臭氧和雪球地球首次出现

25 亿年前，大气中的氧气仍在持续增加，且积累速度更快。随着海洋释放氧气，氧气在地面越堆越高。到了 22 亿年前，氧气进入高层大气。太阳的热量通过光解作用将氧气转化为臭氧，即氧分子被太阳光分解成两个氧原子，单一的氧原子再与其他氧分子结合从而生成臭氧。于是一层臭氧开始在地球上空铺开，也就是臭氧层。臭氧层反射了大部分太阳光，使先前灼烧地表的辐射又返回太空中。

由于没有其他物质与臭氧中和，臭氧层越积越厚。到达地表的热量不断减少，整个地球开始冷却。

地球两极的海洋首先结冰，但寒冰之旅不止于此。冰盖开始从两极向赤道移动。冰盖每前进一步，堆满积雪的寒冰就将更多太阳光反射回太空中。这又使得气温骤降的过程更快更剧烈。那时全球平均气温约为 –50℃。最终，两块高达数米的巨大冰盖在赤道相遇并连成一块，将地球封于寒冰之下。这段时期被称作“雪球地球”。

真核生物的崛起

25亿年至20亿年前，一些微生物经过进化，得以通过消耗氧气而产生变化。这一过程叫作呼吸作用。不同于光合作用以水和二氧化碳为原料，产生能量并将氧气作为废气排出，呼吸细胞或需氧细胞消耗氧气，并将水和二氧化碳作为废弃物排出。通过呼吸作用，这些单细胞微生物开始大量吞噬大气中的氧气。

20亿年前，雪球地球时期的低温危及所有物种。新出现的吸氧生物必须具有相当顽强的生命力才能幸免于难。它们进化成真核生物，这是一种较原核生物而言复杂性彻底升级的单细胞生物体。一旦细胞具备了消耗氧气的能力，氧气实际上就能为细胞提供更多能量，这种生命力更强的新细胞在进化中也就获得了更充足的能量来源。

真核生物比原核生物大10至1000倍。尽管最大的真核生物几乎肉眼可见，但它们仍属于微生物范畴。不同于原核生物，真核生物的DNA由细胞核包裹。真核细胞拥有起到支撑作用的细胞骨架，可以把它想象成支撑帆布帐篷的支柱。真核生物域涵盖了丰富的物种，其生命力相当顽强。它们的出现也意味着结构和能量的复杂性都进化到略高些的层级。这也使得真核生物得以幸存于雪球地球时期。

终于，火山冲出地表冰盖，并向大气排放二氧化碳。这一过程使地球升温。随着冰盖的融化，困于地表岩石和海底的二氧化碳也开始释放到大气中。循环正在逆转。雪球地球时期暂时结束，需氧和厌氧生物都得以焕发生机。

真核生物的有性繁殖

待雪球地球时期结束，真核生物在自然界中找到上千个全新的生态龛[1]虚位以待。一些真核生物继续进行呼吸作用，并以线粒体——一种新出现的细胞器，单细胞有机体内的微器官——为呼吸作用的场所。另一些真核生物则进化出可以进行光合作用的能力。有别于呼吸作用发生于线粒体内，光合作用发生于一种叫作叶绿体的细胞器中。前者是动物进化的基础，后者是植物进化的基础。我们的 DNA 与生物谱系中的任何一种植物（无论是雏菊还是香蕉）至少有 30% 相似。而人类 DNA 与动物 DNA 的相似度则更高。

大约 15 亿年前，天降灾祸。出于某种未知原因，地球进入一段生态环境恶劣期，真核生物面临食物资源匮乏的困境。食物匮乏可能是区域性的，也可能是全球性的。于是真核生物开始同类相食，并以这种方式幸存下来。

某些物种的同类相食一定在偶然中产生了 DNA 的交换。这种汉尼拔·莱克特（Hannibal Lecter，小说《沉默的羔羊》

---

[1] 生态龛，又称生态位，是指一个种群在生态系统中，在时间空间上所占据的位置及其与相关种群之间的功能关系与作用。——译者注

主角，一名食人医师）式的行为标志着自然界首次窥见有性繁殖的真容。直到大约 15 亿年前，所有的真核生物都像原核生物那样仅仅以自我克隆的方式繁殖。但现在一些真核生物可以进行有性繁殖了。这一进化意义深远。DNA 的交换极大增加了基因多样性，DNA 发生变异的频率翻倍，两个亲代细胞间的基因融合也能够产生更优的子细胞，于是进化的步伐加快了。

最早进行有性繁殖的真核生物仍照常分裂。但与先前不同的是，子细胞只包含一半而非全部复制后的 DNA 信息。接下来细胞就需要寻找“配偶”与之结合，从而满足繁殖所需的染色体数目要求。那些没有找到“配偶”的单细胞生物体则纷纷死去。

有性繁殖于进化而言意义相当重大，其结果是产生了一系列全新的方式和行为并最终改变了生物的本能。待到多细胞生物出现时，它们开始争夺配偶，其争夺方式会对整个物种的行为进化产生影响。交配和繁殖深深印刻在生物体的血脉里，成为其生存的基本目的之一：为了吸引配偶和繁衍后代必须长久地活下去。有性繁殖对于进化的影响相当深远，它塑造了复杂物种的绝大多数性状和本能，生物体因此进化出符合弗洛伊德理论的行为特征。具体到人类，这些特征和本能渗透到我们的行为方式以及我们对目标进行理性解释和有序排列的方式中来，甚至塑造了我们的文明和社会。

雪球地球不再来

在过去的 10 亿年里，光合作用向大气释放过多氧气的历史再度上演。当没有足够多的火山活动释放二氧化碳以平衡大气中的氧气时，氧气泛滥的问题就更为凸显了。这导致近 10 亿年两次出现雪球地球时期。不同于一般的冰期，雪球地球意味着地球被严严实实地包裹在一层寒冰之下。其中一次发生于约 7 亿年前，另一次始于 6.5 亿年前，结束于 6.35 亿年前。

最后一次雪球地球事件再次使生态环境恶化。但有性繁殖的真核生物能够更快地适应更为艰苦的环境。它们有些开始聚集群居。这些微生物结成共生关系，各司其职，从而使得群落中的每个个体都得以幸存于冰冻期。

这次雪球地球事件加速了共生的进化。真核生物不再停留于同属一个群落的共生关系。每一种微生物的功能演变得相当专业化，以致群落内不同种类的微生物无法离开彼此独立生存。就这样，为了与最后一次雪球地球的低温相抗衡，作为植物、动物和真菌祖先的多细胞有机体应时而生。

多细胞生命

单细胞有机体之间相当紧密的共生关系终于突破了临界点，地球随之迈入多细胞生命的时代。例如，人体与肝细胞并不仅仅是共生关系，不可能出现一个人在前方逛商店，肝脏却拖在地上缓缓而行的场景。肝脏是人体不可分割的一部分，二者实际上同属一个结构、一个有机体。

多细胞有机体由数万亿个细胞组成。DNA 决定了每个细胞的性状和功能，相似的细胞结合在一起组成器官。各个器官又构建出复杂的网络结构，形成诸如循环系统、呼吸系统和消化系统的体系。

不妨以更形象的方式感受进化带来的巨大差异。人体内有 37 万亿个细胞，银河系中大约只有 4000 亿颗恒星。如果将细胞比作恒星，这就相当于人体内包含了 92.5 个星系。不管是就庞大的基数还是就繁复的结构而言，复杂性都已进化到前所未有的高度。

多细胞有机体拥有更多可以活动但也会出现损伤的“组件”，因此，生命体并不总是倾向于进化得如此复杂。复杂性越高的生命也就越脆弱，这也是为什么单细胞生命在地球上仍占大多数。只有物种为环境所迫需要进化得更复杂时，进化才会发生。

这一逻辑还可以进一步推广：为什么宇宙的绝大部分仍然相当简单，为什么氢原子是宇宙中数量最多的原子。从很多方面来看，复杂性是一种例外而非常理。这一切都可以追溯回大爆炸若干分之一秒之后宇宙中那些能量非均匀分布的微小的点。除此之外，几乎全部其他位置的能量都是均匀分布的，也是毫无生机的。

生物复杂性

复杂性的产生、维持和增加都需要能量从密集处向稀疏处流动。较之恒星维持燃烧，有机体维系复杂性以延续生命需要更为密集的能量流（具体依其规模而定）。

● 太阳维持燃烧所需的能量流：2 尔格 / 克 / 秒（每秒自由流过每克物质的单位能量）;

● 一个典型微生物有机体维持生命所需的能量流：900 尔格 / 克 / 秒;

● 一棵树持续生长所需的能量流：1 万尔格 / 克 / 秒;

● 一只狗持续存活所需的能量流：2 万尔格 / 克 / 秒。

尽管 38 亿年前一块微小的有机泥渣看似不及恒星壮观（毕竟它只是微观生命并且极其脆弱），但是比之恒星燃烧，这个细胞要确保其每个组成部分都有序运转所需的能量却远要更多。

自大爆炸后物质和能量的首次聚集，到恒星和随后的行星诞生，再到有机体的出现，孕育于细微处的复杂性演化持续深入，散发出愈加耀眼的光辉。后续历史也始终呈现出这种趋势。

然而，生命对于能量流增长的需求是如何得到满足的呢？答案很简单：主动向外部世界探求更多能量。恒星可以在太空中惬意漂浮数十亿年并坦然耗尽燃料，生命体却必须主动寻找新的能量流才能持续存活。它们通过化学合成、光合作用、吞食植物、猎杀动物，或凌晨两点光顾麦当劳来获得能量。但恒星不会绕着宇宙漫步，也不会饥肠辘辘地追赶逃散的氦气云雾。主动寻求能量是生命体最为典型的特征之一。

这也意味着，至此位置，我们越来越能感受到历史变迁的力量。人类不再委身于被动的、了无生机的、静候命运安排的宇宙。我们能够成长、改变、创造，并在可能的情况下远离死亡。复杂性不再温和地走进那个良夜。

自此，人类为生存而战。随着社会进入复杂性更高的层级，人类的胜算也在增加。

五 爆发与灭绝

海洋里的多细胞生物大量繁殖。眼睛、脊椎和大脑不断进化。植物、昆虫、脊椎动物慢慢登上陆地。灭绝事件后，生物快速进化并创造出千奇百怪的全新物种。红牙血爪的达尔文世界盛衰交替，复杂性维持在相对稳定的水平。

现在，进化史的画卷呈现更具代表性的场面。血雨腥风的大自然中，多细胞有机体不断进化并为生存而战。这一阶段复杂性演进到前所未有的高度。自大爆炸以来，宇宙每隔数十亿年或数亿年才发生改变，但接下来，进化的脚步要快得多。这也是更高层级的复杂性的另一重作用。变迁的速度加快了，其对周围环境的影响也更为深远。这样看来，过去的 6.35 亿年见证了相当多的大事件。

6.35 亿年至 6600 万年前的这段时期里，地球的主旋律是物种的爆发与灭绝。一方面，生命进化出革命性的新性状，它们又打开了数以千计的新的生态龛，于是新物种爆发式增长；另一方面，某些灾难性的灭绝事件导致大量物种灭亡，于是其他生命迅速填补灭绝物种遗留的原有生态龛。以上二者每每出现，都有新物种诞生。

但值得注意的是，这样的变化并没有在恒星发生。人类的进化是小概率事件，数亿年前一颗精准袭来的小行星足以断送整部地球生命进化史。鉴于数亿年的进化本可能出现偏离、人类的数千种祖先本可能在进化中丧命，或是综合考虑所有风险，以及生命起点在细胞结合那刻的偶然性，我不禁为自己仍存在于宇宙中深感幸运。

达尔文视角下的世界无疑是残酷的。灭绝是进化的必由

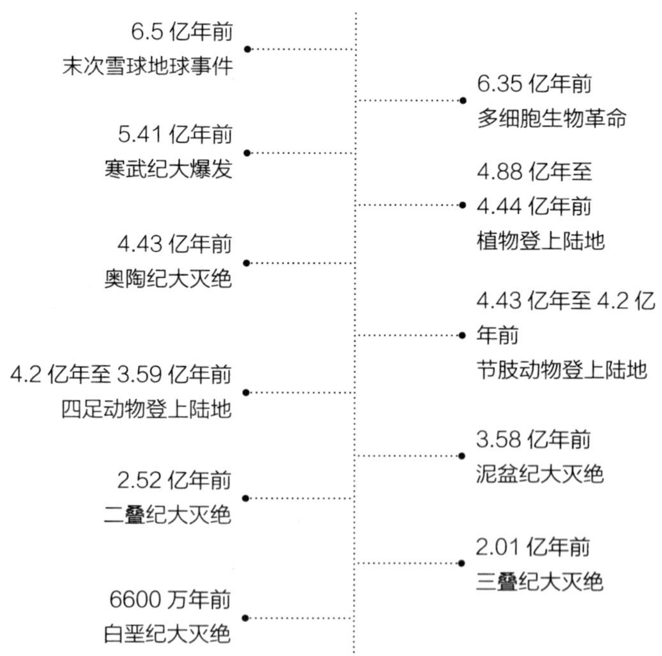

图 5-1　时间线

之路。为了使生物体那些有利的性状为自然所选择，其他大量竞争者必须被淘汰离场。环境中的生态龛和资源是有限的。曾经存在过的物种有 99.9% 都灭绝了。“自然选择”的说法不完全准确，自然主动选择的物种远没有它所淘汰的物种多。

而人类是选择中的赢家。

埃迪卡拉纪（6.35 亿年至 5.41 亿年前）

最后一次雪球地球时期结束后，火山喷发释放出二氧化碳，于是大气层中氧气含量下降，气温大幅回暖。海洋中首次出现多细胞生命体。但当时，多细胞生物在陆地上仍了无踪影，大地是像火星地表一样的岩石荒原。

找到埃迪卡拉纪生物化石并不容易，因为那时大部分生命都柔软而黏湿，它们尚未进化出寒武纪生物出现的碳酸盐成分的外壳和骨骼。第一种多细胞生物在做出划时代的尝试时，多少显得有些保守甚至笨拙。自然选择此前从未塑造过此类结构的生物。其结果是，它们形态古怪，与后来出现的生命千差万别。

例如，动物界中，有一种叫作埃迪卡拉的物种，它们呈凝胶状，外形介于珊瑚和水母之间。还有一类动物叫作阿卡鲁阿，它们呈圆盘状，形似叠放在海底的棉被。很显然，这些动物没有进化出口部和肛门，因此很可能通过皮肤摄入食物，再以同样方式排出体内的废物。自然界中也有外表近似早期蠕虫的蕨叶虫，以及形似水下纤长蕨类的查恩盘虫。尽管有些埃迪卡拉纪动物可能在海底逐水漂流，以任何能获取的食物为食，但这一时期几乎所有动物都不具备移动能力。这是一段离奇怪异的时代，H. P. 洛夫克拉夫特[1]（H.P. Lovecraft）大概会成为这个时代的拥趸。

寒武纪（5.41 亿年至 4.85 亿年前）

寒武纪大爆发时期，生命飞速进化，多细胞物种开始入主全新的生态龛。这一过程始于 5.41 亿年前，持续了大约 1500 万年。由于生物进化出坚硬的外骨骼和外壳，因此寒武纪留下了丰富的化石遗迹。节肢动物出现了，它们是螃蟹、龙虾、昆虫、蛛形纲等动物的祖先，那些可怖的动物或者菜单上的昂贵食材也以节肢动物为进化起点。

眼睛也有所进化。最初，眼睛只是动物用来探查光线和位置变化的感官工具。不过这一器官的进化一度停滞，因此才如我们所见，眼睛出现在各个时期的物种身上。即使像蝙蝠、獾、深水鱼这样较晚出现的物种视力也已经退化。虽然

[1] H. P. 洛夫克拉夫特（1890—1937）是美国恐怖、科幻与奇幻小说作家，尤以怪奇小说著称。其代表作品有《克苏鲁的呼唤》《星之彩》《疯狂山脉》等。——译者注

它们也生有眼睛，但眼睛并不仅沿着一个方向进化。例如，许多软体动物的眼睛沿着身体分布，而不是集中长在我们认为是头部的器官之上。蚂蚁和蜘蛛的眼睛也与人类的双眼大有不同。即使是在像人类和狗这样亲缘关系较近的生物体之间，视力发育也大相径庭。

节肢动物中最为繁盛的一类当属细分种类丰富的三叶虫。寒武纪时期的三叶虫身长 5 厘米至 35 厘米不等，以细菌、植物和其他动物等一系列生物为食。它们有时数百只或数千只成群而过。三叶虫存活了数千年，种类愈加丰富，直到 2.52 亿年前二叠纪大灭绝降临。

图 5-2　三叶虫

人类的祖先脊索动物出身不算高贵。最早的脊索动物皮卡虫出现于 5.3 亿年前。皮卡虫形似蠕虫，游动时如同一条鳗鱼。它们只有数厘米长，身体内部贯穿一根软骨质的棒刺，即原始脊椎。皮卡虫也是脊椎动物的祖先。皮卡虫游动时总保持一端朝前的姿态以便发现食物或躲避危险，这表明它的脑部开始进化。随着感觉神经沿着体内的软骨朝我们现在所认为的头部汇聚，感觉器官也不断向身体的这一部分集中。

这是大脑进化的第一步。这一趋势一直持续，终于 5.25 亿年前海口鱼出现了，它也是首个可确认的寒武纪无颌“鱼类”。

寒武纪时期的另一重要创新就是捕猎的出现。约在 5.2 亿年至 5.15 亿年前，一种叫奇虾的凶恶节肢动物诞生了。它们身长约 1 米，使寒武纪大多数生命显得格外矮小。奇虾生有坚硬的外骨骼，前端长着一对硕大、可用来抓取食物的利螯。凭这对螯，它们可以翻起海里毫无觉察的猎物并用利刃将猎物刺穿，再送入朝向下方的口部吞吃入腹。有趣的是，奇虾得名于拉丁语，原意大致是“奇特的虾”或“奇特的海蟹”。

图 5-3　奇虾

从很多个角度来看，捕猎不过是自然界中的能量流动在生命进化上的必然延伸。如果太阳能、化学物质、植物、腐败物（供菌类食用）都能为生命提供能量，都能为多细胞动物所用，那么多细胞动物本身同样可以构成一类食物来源。捕杀奇虾和吞食猎物在人类看来格外凶恶残忍，这是由于人类本能地避免自身也沦为猎物。人类对于能量流动或是无害或是凶残的评价是主观的，深受进化的天性和视角的影响。这种主观性或多或少地使杂食的人类和食草动物之间的道德争论更加复杂，也使人类看待天然残酷的达尔文世界的观点更加复杂。

捕猎引发了一场“装备”进化的竞赛。为了对抗奇虾一类的捕猎者，某些种类的三叶虫进化出长有尖刺的外骨骼以阻碍捕食者进食；另一些三叶虫通过将身体蜷缩成一团来自保；也有一些为了不被发现、躲避危险而进化出保护色或是快速移动的能力；其他的三叶虫则开始吞食蠕虫、胶状物和其他暴露在外的动物，连自己也成为捕猎者。这场捕猎者和猎物之间的“装备”角逐直到今天仍在继续。

奥陶纪（4.85 亿年至 4.44 亿年前）

奥陶纪的大气圈充满 10 倍于今天的二氧化碳。奥陶纪早期，海洋的平均气温介于温水浴和热水浴的温度之间（35~40℃）。4.6 亿年前，海洋平均温度冷却至 25~30℃。但这一温度仍很温暖，大致可比今天的赤道水域。

章鱼的祖先和海星出现了。温暖的海水孕育了珊瑚礁。牡蛎、蛤蚌、海螺的祖先也成倍增加。海蝎子诞生了，有些和现在的蝎子差不多大小，还有些有人类的胫骨长。奥陶纪时期，海洋生物的种类总数是寒武纪物种的 4 倍之多。

与此同时，多细胞生物首次开启陆地之旅。植物率先登陆。这些非常简单的藻类结构最早出现于沿海或是河流地带，它们有些形态矮小，高度不超过 10 厘米，并进化出类似水草的结构。这些植物也与菌类共生，菌类紧紧依附于它们的根部并为其提供矿物质。

雪球地球时期之后，首次大规模的生物灭绝隐隐逼近。由于陆生植物的出现，地球上氧气的含量再次增加，从而塑造了相对寒冷的气候环境，于是那些习惯于温暖水域的物种走向灭亡。但寒冷期并不长，大气中二氧化碳的含量很快又恢复到原有水平，地球变暖，这又杀死了那些通过进化已经适应了寒冷气候的物种。

总体上看，70% 的海洋生物都没有躲过这场劫难。它们留下的生态龛静待幸存者进化并最终将其填满。

希留利亚纪（4.44 亿年至 4.2 亿年前）

植物继续向内陆行进，低矮的灌木丛和苔藓出现了。地表仍以岩石为主，只在少数靠近水源的地区形成了低矮的丛林。

菌类的陆地之旅正以更快的速度推进。有些菌类高达数米。这一时期，植物的根部仍停留在原始状态，尚无法穿透地表岩石，而菌类则切实侵入岩石之下，蓬勃生长。

海洋中，有些鱼类生出颌部，脊椎也更加清晰。有些颌鱼类很快进化成鲨鱼。鱼类的条件反射变得更快，脑部也更加复杂，物种间的“装备”竞赛仍在继续。

图 5-4　希留利亚纪有颌鱼类

奥陶纪时期，海里的小虫、龙虾等节肢动物开始登陆。奥陶纪灭绝事件将海里的节肢动物赶出海洋后，它们先是在陆地上的植被与枯叶间找到食物来源。例如，生活在 4.28 亿年前的呼气虫是一种原始的马陆虫，体长大约 1 厘米，以腐败的植物为食。在这些食草昆虫之后不久，又出现了食肉的节肢动物，以形似蜘蛛的蛛形纲动物最为引人瞩目。

希留利亚纪的氧气含量维持在相当低的水平（约 15%），所以这时肉食动物的体型十分小巧，只有几厘米长。这一时期，自然界是菌类的王国，小虫和小型植物也很常见。不过这幅景象稍有些倒人胃口。

泥盆纪（4.2 亿年至 3.58 亿年前）

泥盆纪时期气候温和，两极地区的寒冰或已几近消融。

除了赤道沙漠外，地表大面积为茂盛的热带植被所覆盖。

菌类如参天大树高耸入云，足有 10 米高。在菌类的改良下，便于植物扎根的松软泥土越来越多。于是，蕨类和苔藓大面积繁殖并向河床以外的地带延伸，地球最终呈现出一幅郁郁葱葱的景象。

到 4.1 亿年前，有些植物直冲 14 米高。待到 3.8 亿年前，部分植物通过木质化使茎更为强壮，并以木质茎维持其直入云霄的高度或是为了争夺阳光而进一步生长。第一片真正意义上的森林就此形成。

海洋里的物种也极为丰富。鱼类体型更加硕大强壮，有些鱼类身长可达 3~7 米。它们进化出条状鳍、叶状鳍和更为复杂的身体结构。海里鲨鱼甚多。硕大的海蝎子可达 2.5 米长。

图 5-5 泥盆纪海蝎子

蜘蛛进化出吐丝结网的本领，并以这种方式捕猎。这一时期，一些会飞的节肢动物出现了，它们开始探索飞行这一移动方式，自然界从此多了嗡鸣。

泥盆纪最为深刻的变化是陆地上四足动物（第一种脊椎动物）的出现。它们也是人类的祖先。3.8 亿年前，第一条肺鱼诞生了。肺鱼的头顶有一个气孔，空气可以由此进入原始的肺部中。肺鱼生有强壮的前鳍足，并凭双足拖动身体在浅水区底部移动捕食。久而久之，这种本领也适用于海滩。到了 3.75 亿年前，提塔利克鱼进化出有力的前鳍和后鳍，它们能够呼吸空气，并且发育出有助于变换位置的原始骨盆。

3.7 亿年前，基干四足动物诞生了，比如鱼石螈。它们身长 1~1.5 米，是最早的原始两栖动物，能够在浅水沼泽里游动，其祖先头骨上的气孔进化成了鼻孔。鱼石螈生有早期四足动物标志性的四肢，四肢末端有五根足趾。四肢和五趾以现存或退化的形式存在于所有陆生脊椎动物的身上。这些脊椎动物包括人类、青蛙、狗、猫、马、蜥蜴、熊，甚至是蛇。不过蛇是一种极端情况，在蛇身上仍可找到退化缩小的四肢痕迹，只不过它们几乎不可见了。

待到泥盆纪晚期，植物释放出过多氧气，地球日益寒冷干燥。古生两栖动物（唯一的四足动物）因缺水而死。它们中有 95%~97% 都彻底销声匿迹了。今天地球上种类丰富的四足动物——从蝾螈到猫头鹰再到人类——都是从大灭绝中幸存的 3%~5% 的物种中进化而来的，这一点确实让人感到震撼。与此同时，气候变化也杀死了近半数水生物。

石炭纪（3.58 亿年至 2.98 亿年前）

石炭纪时期，高大的树木释放了大量氧气，导致大气中的氧气含量达到 35%（今天的氧气含量为 21%）。地表为茂密的森林所覆盖，有些树木高达 50 米。树木制造了过量的氧气，并由此引火烧身。因此，在当时剧烈的森林大火相当常见。土地大面积干裂，树木也停止生长。于是枯木落叶堆积了一层又一层，最终构成深厚煤层的一部分，并在今天为人类所用。

氧气含量的增加催生了体型硕大的节肢动物，即两翼宽度达 1 米的巨型蜻蜓、将近 2 米长的巨型蝎子、长达 2 米宽达半米的巨型地蛛、巨型蟑螂和巨型多足动物。石炭纪将为

图 5-6　石炭纪时期的巨型昆虫

穿越时空的恐怖电影提供绝佳布景。

3.5 亿年至 3.1 亿年前，爬行动物出现了。随着石炭纪森林因日渐干旱的气候环境而毁灭，爬行动物的进化进一步加快。爬行动物因表皮粗糙而不易失水，这意味着它们可以深入内陆，远离水源丰富的地区。有些爬行动物能够在沙漠气候中生存，于是数量渐盛。它们开始产下坚硬的卵，这也意味着这些动物不需要返回水源地繁衍后代。

二叠纪（2.98 亿年至 2.52 亿年前）

氧气的含量降低至 23%，昆虫的体型随之缩小，因为更大型的昆虫需要消耗更多氧气才能维持生命。二叠纪时期，蟑螂的祖先在节肢动物的进化中拔得头筹，构成了这一时期昆虫生物群的绝大多数。沙漠里蟑螂遍布，令人作呕。

爬行动物数量繁盛。与此同时，分别作为哺乳动物祖先和恐龙祖先的合弓纲和蜥形纲动物出现了。前者是一类原始的哺乳动物但外形仍接近爬行动物，并以乳腺哺乳喂养后代。许多合弓纲动物都以蟑螂为食，它们在口味上并不挑剔。

兽孔目动物从合弓纲进化而来。它们富有活力、行动迅速，拥有更高的体温，属于温血动物。为了维持体温，许多兽孔目动物开始发育皮毛。2.6 亿年前，一小群脱胎于兽孔目动物的犬齿兽类动物出现了，它们小巧、胆怯，很多都可以挖掘洞穴。

图 5-7　兽孔目动物

生物谱系树的另一枝上，蜥形纲动物则保留了相当多爬行动物的特征。从海龟到鳄鱼，到祖龙、翼龙和恐龙，再到鸟类（鸟型恐龙）都可以追溯到蜥形纲动物。

理论研究认为，2.52 亿年前的二叠纪灭绝，或称大灭绝事件，是由在今天西伯利亚一带的火山大爆发引起的。这场浩劫持续了约一百万年。被抛射到大气层中的火山灰遮蔽了太阳光、毁灭了植物，酸雨倾盆而下，海洋缺乏氧气。大规模的灭绝事件几乎夺去了地球上所有复杂的生命。地球遭遇毁灭性打击，90%~95% 的物种不复存在。但犬齿龙类动物凭借其小巧的体型和掘穴的本领幸免于难。幸存的蜥形纲动物则在全新的气候环境下焕发出勃勃生机，很快它们将成为地球的主宰。

三叠纪（2.52 亿年至 2.01 亿年前）

三叠纪行将过半，地球生物圈才从大灭绝事件的毁灭性打击中恢复过来。气候总体上仍很干旱，于是盘古大陆[1]内部形成大规模沙漠，水资源匮乏犹胜二叠纪时期。雨水完全无法润泽这块超大陆的内部。

随着蜥形纲动物不断进化，祖龙诞生了，它也是所有恐龙、翼龙和鳄类动物的祖先。祖龙相比于其他爬行动物的优势在于它们生有多个肺，因而能够在含氧量仅 16% 的大气环境下呼吸。三叠纪初期，恐龙仍属少数，约占5%的比例。

2.34 亿年前，火山活动导致全球气候变暖，湿度增加，降雨量急剧攀升。在这段“潮湿幕”[2]时期，遍及全球的大雨持续了 200 万年。与干旱的沙漠气候一样，这样的气候变化也给动物带来了灾难性的影响。但另一方面，更为潮湿的新环境令恐龙焕发出蓬勃生机。翼龙首次飞向蓝天。

2.01 亿年前的三叠纪灭绝事件，使大量两栖动物、兽孔目动物和除恐龙和翼龙外的大部分祖龙类物种灭亡。此次灭

---

❶ 盘古大陆也称泛大陆、超大陆，由德国地质学家阿尔弗雷德·魏格纳（Alfred Lothar Wegener）提出。他设想全世界的大陆在石炭纪以前是一个统一的整体（盘古大陆），周围是辽阔的海洋。——译者注

❷ “潮湿幕”指卡尼期潮湿幕事件，指发生在距今约 2.4 亿年晚三叠纪卡尼期的全球气候变化和沉积事件。——译者注

绝事件的原因尚不明确，可能源于小行星撞击地球。自此，恐龙占据地球上四足动物总量的 90%。原始的哺乳动物被边缘化。

侏罗纪（2.01 亿年至 1.45 亿年前）

侏罗纪在盘古大陆的分裂和气候的潮湿变化中拉开序幕。现代大陆开始形成。初时，北美和欧洲大陆融为一体，南美和非洲大陆两块完美吻合的“拼图”也尚未破裂。随着这两组大陆块之间的海湾不断张裂，大片内陆沙漠不复存在。降雨的覆盖范围更广了，森林和茂密的植被随之增加。全球氧气含量增至约 25%。

恐龙填补了三叠纪物种灭绝留下的生态龛空位。潮湿的雨林为食草动物提供了大量食物，恐龙随之进化，它们有些以日渐丰富的植物为食。于是，自然界出现了新物种。其中身长 35 米的超龙，以及身长 10 米、具有经典恐龙外形，并以植食性恐龙为食的掠食者异特龙，占据了食物链的顶端。

原始哺乳动物仍属无名小卒。它们的平均体型仅略大于老鼠。这些动物掘穴而居或藏于大树间，以昆虫为食，并且只在夜间出没。到了 1.65 亿年前，其中一些原始哺乳动物适应了树林间的生活并进化出滑行的能力，还有一些则返回海岸线和靠近水源的栖息地。

侏罗纪晚期，第一只鸟型恐龙（鸟类的祖先）展翅而飞。三叠纪时期，部分恐龙出于保暖的需要长出了绒毛，现在这种绒毛进化成羽毛。一些恐龙身披早期羽毛（甚至是白垩纪的霸王龙也可能长着绒毛），另一些则完全不生羽毛，还有些物种的羽毛孕育了飞行能力。

白垩纪（1.45 亿年至 6600 万年前）

盘古大陆彻底分裂。南、北美洲慢慢向彼此靠近；澳大利亚、南极洲和印度纷纷脱离非洲板块；印度随后踏上一条终将与欧亚大陆腹地相撞的“航线”。

氧气含量升至 30%。地球仍由恐龙主宰，但生物圈的某些角落明显萌发出更具“现代性”的气息。草地第一次在自然界中出现。如今青草随处可见，我们很难想象先前地球上最为郁郁葱葱的时期（无论是石炭纪还是侏罗纪）大面积的植被中竟然没有草本植物的影子。

大约 1.4 亿年前，蚂蚁诞生了。它们是生物圈中一类最为常见且适应性最强的物种，占据今天地球生物量的 20%。1.25 亿年前，能够开花的植物首次出现并蔓延全球，这在很大程度上都要归功于与它们同步进化的蜜蜂。

大约同时，原始的胎盘类哺乳动物和有袋类哺乳动物首次留下化石记录。这两类动物的繁殖方式均有别于卵生动物，前者经过更长时间的子宫孕育后产下后代，后者则将产下的后代放入保育袋或称育儿袋内，并以此袋哺育新生儿。

尽管这些哺乳动物体型仍很小巧且易受惊，但胎盘类哺乳动物将在美洲大陆、亚欧大陆和非洲大陆上占据重要位置，而有袋类哺乳动物则将成为澳大利亚大陆的主流。至于卵生繁殖的鸭嘴兽，它们究竟从何而来，我们始终不得而知。

与此同时，填补了大多数生态龛的恐龙仍在自然界占据绝对支配地位。过剩的恐龙加剧了物种间的竞争，特别是影响了植食性恐龙和捕食它们的肉食性恐龙间的平衡。其结果是，这一时期这两类恐龙都进化出一些奇异的物种。一方面，顶级捕食者霸王龙和阿尔伯塔龙出现了；另一方面，三角龙一类的植食性角龙进化出越来越多样化的防御性獠牙，有的蜥脚类恐龙（如阿马加龙）颈部长出长长的棘刺以对抗捕食者，甲龙也身披厚重的铠甲以自我防卫。

图 5-8　甲龙

白垩纪时期的灭绝事件摧毁了地球上 70% 的物种，其中包括 90% 的陆生动物和半数植物。这次灭绝因直径 10 千米的小行星撞向尤卡坦半岛而起。于是全球范围内的地震、海啸、遍及整片大陆的森林大火和倾盆而下的酸雨直接夺走了许多生命。接着，抛向空气中的灰烬阻隔了太阳辐射，更多植物因缺少光照而死。先前幸存的食草动物也弹尽粮绝，厄运随之降临在食肉动物头上。地球四处散落着腐败的植物和动物残骸，它们又为苍蝇、蛆虫和其他食腐动物所分食。那些靠昆虫和小型植物残躯生存的鸟类和哺乳动物逃过一劫，但非鸟型恐龙却荡然无存。生态龛再度一片空白，而这一次，空位将由哺乳动物填补。

6.35 亿年至 6600 万年前属于多细胞生物的时代，其复杂性总体而言增加有限。在已知的宇宙中，进化与灭绝交替的达尔文世界或已来到复杂性的顶峰。但由哺乳动物主宰的世界经过一系列意外变迁后，一种全新的、更快速、通向更高层级复杂性的进化形式出现了，这种形式就是文化。

六　灵长类的进化

哺乳动物填补了恐龙留下的生态龛空位。灵长类动物不断进化，呈现出我们非常熟悉的特征。人类与大型猿的最后一位共同祖先分化出不同的进化路径。人类以双腿直立行走，脑容量也更大。虽然，在代际传承中，部分信息被后代遗失，但传承积累的信息数量则更为庞大。

6600万年前，世界寒冷、干旱、一片荒芜。地表散落着动植物残骸，在太阳的照射下它们日渐腐败又为层层尘土掩埋。由于食物链崩溃，大型物种在白垩纪灭绝中受到重创。除了乌龟和鳄鱼，陆地成为鸟类和哺乳动物等小型动物的家园。

生物进化一如既往地经历兴衰交替。白垩纪灭绝清空了生态龛，随后迅速进化的哺乳动物又将空位填满。最初，哺乳动物形似老鼠或是花栗鼠。它们大多身长不足0.5米，体重轻于1000克。这些哺乳动物啃食植物也吞吃小虫，在地下掘穴藏身或是躲藏于树木间。它们终将实现多样化并主宰地球，一如从前的恐龙、蜥形纲、两栖动物和节肢动物。在达尔文世界里，具有破坏力的盛衰循环本可能导致复杂性在数亿年内停滞不前。但这一次情况有所不同。

6000 万年前，气候又一次转暖，全球再度升温。北美和欧亚大陆酷热难当，地球大部分为森林所覆盖，赤道地区则多沙漠，两极寒冰几近消融。哺乳动物开始进化出更大的体型。

这一时期，大象的祖先身长不过与现在的狗相当，但它们会慢慢进化成世界上最大的陆地哺乳动物。与此同时，另

图 6-1　时间线

一种在当时与大象体型接近的哺乳动物开始捕食鱼类并食用红肉，它们可以凭借尖牙撕碎猎物。到了4200万年前，这些捕猎者进化为犬型总科和猫型总科两支，前者是狼、狐狸和熊的祖先，后者则是狮、虎和豹的祖先。

5500万年前，一种和猫差不多大的小型哺乳动物进化出能够不时入水活动的能力，它们甚至可以浸没于水下。这种动物就是河马和鲸鱼的祖先。后来，鲸鱼的祖先在海里生活的时间越来越长。最初它们只停留在浅水区，之后又潜入深水、捕食无数磷虾和鱼类。4000万年前，它们彻底完成“变身”，成为鲸鱼。

也是在5500万年前，森林里生活着一种和狗体型相当的多趾动物，即马的祖先。它们匍匐着身体、安静而敏捷地穿梭于森林低处的树木和灌木丛间。随着气候转冷变干，马开始奔跑，它的第三根脚趾也逐渐发挥主力作用。久而久之，这一物种的其余脚趾明显退化，于是代表性的马蹄出现了。马也不再匍匐于森林地面，而是进化出远距离奔跑的能力。

又过了几千万年，一段相比之下不算长的时间，哺乳动物迅速填补了生态龛，其体型也由小变大，成为巨型动物中的大多数。我们今天所熟悉的物种也以它们为基础进化而来。

同样是5500万年前，灵长类动物出现了。最初，它们长着有抓握能力的双手，眼睛面向前方，是一种生活在树上的哺乳动物。这些特征尤其有助于它们避免从树上跌落。例如，朝向前方的双眼为灵长类动物提供了立体视角和感知深度的能力，这一点对于它们在树枝间跳跃时判断距离尤为重要。为了处理这些3D信息，灵长类动物的大脑需要不断“扩容”。

4000万年前，灵长类动物占领了美洲大陆，由于隔着浩瀚的大西洋，它们便留在美洲，并进化成新世界猴。新世界猴的鼻子更为扁阔，鼻孔朝向两边，尾巴更长也更利于抓握，它们中的大多数种类未进化出对生拇指。一夫一妻制在新世界猴中更为常见。

相反，大部分种类的旧世界猴多奉行一夫多妻制。它们中的雌性终生与母亲相伴，而雄性成年后则表现出极强的攻击性，以此赶走其他雄性并形成属于自己的眷群。

3000万年至2500万年前，非洲的旧世界猴与类人猿的进化路径分离。后者也是黑猩猩、倭黑猩猩、大猩猩、红猩猩和人类的祖先。

灵长类动物的天性有些为人类所继承，有些则被抛弃了。确认哪些特征仍保留在人类身上可以让我们了解人类进化的核心所在。这些特征构成了人类许多（甚至全部）行为的基础，奠定了我们建立社会的方式。

大猩猩之战

1200万年至1000万年前，人类从大猩猩的进化路径上分离。大猩猩尽管看似危险，但其攻击性大多只是一种威吓和假象。如果仅凭威胁不足以吓退敌人，它们也很擅长保护自己不受伤害。一般而言，大猩猩的攻击性不过是虚张声势。

在大猩猩的阶级社会中，雌性终生都守着一个固定群体，而雄性成年后则面临被群体首领银背大猩猩驱逐的命运。此后它们要经历一个单身漂泊的阶段，直到建立自己的眷群，或是取代某个原有群体的首领银背大猩猩。雄性竞争的结果是高度的性别二态性，雄性和雌性大猩猩渐渐进化出显著的性别差异，前者比后者的体型平均大出许多。雄性大猩猩也倾向于杀死那些非亲生的幼崽，以此增加其亲生后代成为首领的可能。

雌性大猩猩需要确保与雄性大猩猩结成稳定的关系，保护自身免于遭受捕猎者的袭击，以及更进一步地，它们也需要雄性大猩猩来庇护它们的幼崽。那些有亲缘关系的雌性大猩猩倾向于建立起更紧密的“姐妹同盟”，它们非常顾及彼此的利益和安全。而那些不具备亲缘关系的雌性大猩猩则激烈地争斗。

即使是存在亲缘关系的雄性大猩猩，也更可能对彼此表现出敌意。于它们而言，竞争和对抗更为常见。但也有一种引人注目的例外。当一个雄性大猩猩被首领银背大猩猩驱逐出属于首领和其眷群的群体时，被驱逐的雄性大猩猩有时并不会孤身漂泊，而是结伴而行。“流亡”期间，它们的关系和睦得多，甚至相互梳理毛发，或者友好地摔跤。有些大猩猩甚至完全无视眷群，偶尔进行同性交配。

人类的近亲

黑猩猩是现存的与人类关系最近的物种。人类 DNA 和黑猩猩的 DNA 相似度达 98.4%。大约 700 万年至 500 万年前，人类从其与黑猩猩的最后一位共同祖先的进化路径中分离。黑猩猩体形比人类小，身高 1~1.2 米，但它们通常更加强壮和好斗。黑猩猩的脑部大小是人类的 1/3。尽管如此，它们仍有许多与人类相似的天性和行为，尤其是黑猩猩，富有创造力、天资聪颖且熟悉团体政治。黑猩猩以植物和昆虫为食，也经常猎捕疣猴。雄性黑猩猩成群结队觅食，并保护自己的领地不受其他黑猩猩群体的侵扰。黑猩猩区分领地的特征很可能起源于它们与人类距今最近的共同祖先，不过这种行为在动物中很普遍。不同寻常的是，黑猩猩以一种有组织的方式维护领地。

与大猩猩不同，黑猩猩群体通常是一个由雄性首领、数只雄性黑猩猩和数只雌性黑猩猩共同组成的等级群体。黑猩猩群体的首领可以是最为强壮、最具攻击性的，但也不尽然。在维系同盟关系以巩固自身统治方面，首领必须最有手腕也最富经验，即黑猩猩中的马基雅维利（Machiavelli）。因此，有时首领黑猩猩自身并非块头最大的赳赳武夫，反而是更为精干瘦弱但却能令其他黑猩猩俯首听命的“政治家”。

其他的雄性黑猩猩也会联合发动暴力革命以推翻并取代首领。人类社会的政治活动显然与之相似。

雌性黑猩猩群体也有它们牢不可破的社会等级之分：一部分处于支配地位，一部分居服从地位。雌性黑猩猩的高等级身份也会为其后代所继承。即使一只高等级黑猩猩的雌性后代年小体弱，但其他黑猩猩若向它发起攻击，攻击者也会受到它的有支配权的母亲及其盟友的惩罚。这样一来，年幼的雌性黑猩猩得以获得母亲的庇护直到组建属于自己的、居支配地位的同盟军。这种行为流露出世袭规则的意味，即在等级制度下，个体可以由于父母的身份、地位而获得额外特权。

与此同时，雄性黑猩猩的统治权则完全取决于雌性黑猩猩阶级群体接纳与否。如果不能获得它们的青睐，雄性黑猩猩也就不能成为首领。一旦成为首领，遭到雌性黑猩猩群体的背叛，另一只雄性黑猩猩就会在雌性黑猩猩的帮助下推翻原有的统治者并取而代之。甚至这一现象也与权力女性［如古罗马皇后莉维亚·德鲁西拉（Livia Drusilla）］在现代化社会到来前掌握的“柔性力量”不谋而合。

等级制度下，位于更高地位的黑猩猩在选择配偶和食物方面都具有优先权。相比于其他灵长类动物，黑猩猩结成的等级关系显然更为复杂。为了应对维系同盟关系所必需的社交互动，黑猩猩需要大脑持续进化。

和许多灵长类动物一样，黑猩猩能够使用工具。它们制作木棒用以翻寻地面上可以作为食物的白蚁。它们以石头制作锤子，以树叶制作吸水的海绵，以树枝制作撬杠，甚至使用香蕉叶来制作雨伞。这些技术由成年黑猩猩教授给它们年幼的后代，可视作某种社会化学习，甚至一种文化形式。然而，历代黑猩猩并没有进一步发扬这些成果。否则 500 万年必然足以令黑猩猩将“翻寻白蚁”实现工业化。

黑猩猩也有语言。大多数黑猩猩以手势交流，但它们的确可以发出有限的声音。这一能力受制于由黑猩猩的生理构造所决定的发声范围和它们的脑容量。被圈养的黑猩猩表现出超凡的语言天赋，它们能够熟记大量书面符号。

黑猩猩也有非常暴力的一面。雄性黑猩猩结伴共同巡视领地，寻找落单的黑猩猩并挑起战争。它们拳脚相加，通常会撕下对手皮肉的一小部分，尤其是耳朵、小块脸部和生殖器，最后一点尤为令人讶异。黑猩猩不会发动群体战争，这是因为它们既没有足够多的数量，也不具备这样的协调能力。但它们却非常乐于巡视领地并伤害陌生来客。这种对待外来者有组织的暴力行径在人类社会也很常见。

倭矮猩猩

黑猩猩种群由雄性主导也相当具有攻击性，这是由于它们的交配权是按照等级身份来分配的。但它们的近亲（也是人类的近亲）倭矮猩猩却与之大相径庭。大约 200 万年前，逐渐拓宽的刚果河将黑猩猩的祖先分为两群，它们各自生活在河流两岸不同的自然环境里。南部的黑猩猩后来进化为倭矮猩猩，它们表现出截然不同的习性。倭矮猩猩生活在一个由雌性倭矮猩猩主导的阶级社会里，并且性行为非常频繁。雄性倭矮猩猩通常体型更加健硕，但当雄性倭矮猩猩偶尔向雌性倭矮猩猩发起攻击时，雌性倭矮猩猩和它的“姐妹同盟”就会一致对外制止这种行为。有时它们以呵斥和喊叫将雄性倭矮猩猩吓跑，有时它们也会折断对方的手指。雌性倭矮猩猩在落实等级制度时也会对彼此施以暴力。但总体上看，倭矮猩猩由于频繁的性行为，暴力冲突要少得多。

倭矮猩猩交配时可以采用面朝对方的姿势，雌性和雄性也都有口交行为，还会上演“法式热吻”，这些对于大多数灵长类动物并不常见。倭矮猩猩性欲旺盛，每隔几小时就需要进行自慰。彼此见面问候时，它们倾向于触碰对方肿胀的生殖器，也叫作“倭矮猩猩的握手”，从而缓解初见时的压力。由于群体内的性行为更为普遍，因此雄性倭矮猩猩一开始就缺少挑起争斗的理由。当两群倭矮猩猩在树林中相遇时，雄性倭矮猩猩最初或许稍显紧张，但随后雌性倭矮猩猩便会越过群体界限与另一群倭矮猩猩中的陌生雄性交配。群体间的紧张局势于黑猩猩而言是争斗的导火索，但对于倭矮猩猩来说却成为纵欲狂欢的前奏。

然而，人类与黑猩猩而非倭矮猩猩的亲缘关系更为密切。不过，尽管人类社会存在侵略、战争和雄性竞争，但是我们在性行为方面似乎与倭矮猩猩有许多共同之处，甚至偶尔也会以性行为代替争斗。不过，相比诉诸武力，人类历史中如此放浪形骸的嬉皮年代则要短暂得多。

在我们熟悉的黑猩猩的特征中，有哪些是人类从其与黑猩猩的最后一位共同祖先处继承的，又有哪些是后来的文化创造，我们尚不可知。如果人类社会中那些更加消极的方面源于继承和进化，那么我们可能永远也无法抹去这些痕迹。如果这些负面特征是文化演进造就的，那么再过上一两代人，或许它们就能够为人类摒弃。因此我们也必须提出这一问题：在人类与黑猩猩不同行的 500 万年里，我们是如何持续进化的？

直立行走

500 万年前，人类祖先仍然居住在非洲森林里。我们与黑猩猩距今最近的共同祖先以呈弓形的双腿在地面行走，并通过双手撑地来保持平衡。这样的行动方式虽不适合在平地上远距离行走，却更便于快速爬树以躲避猎食者（多分布于非洲）。

400 万年前，气候进入干旱期。森林退化，枝叶凋零，东非最终呈现一片宽广开阔的稀树草原。灵长类动物为了觅食离开森林长途跋涉，爬树再也不足以确保其安全。为了找到食物，它们越走越远。于是，人类祖先开始以双腿直立行走，进化为二足行走动物。

某种初次具备直立行走能力的人类祖先，即南方古猿，身材矮小仅有 1 米高。其外形与黑猩猩非常相像，不同之处仅在于其能够直立步行。南方古猿以食草为主，其牙齿能够咀嚼坚硬的水果、树叶和其他植物。人类继承了南方古猿的食草性，不过后来也可以食用肉类。南方古猿偶尔以动物尸体的腐肉为食，但它们实际尚不具备食用生肉的能力，也不会取火烹饪。

由于南方古猿能够直立行走，它们的双手得以解放。于是越来越丰富的手部动作频繁出现，这也丰富了其语言体系。同类大多以手势和面部表情来交流，而非发出咕哝声或是大声喊叫。甚至在今天，许多人类学家和心理学家也坚

图 6-2　已知的人类最古老的祖先——露西

称绝大部分人并非通过语言，而是以能够传达复杂感情和心理状况的姿态、手势来进行沟通的。解放的双手也使南方古猿能够携带并运送工具。强化的语言能力和更频繁地使用工具意味着，为了跟上进化的脚步，南方古猿的脑容量亟待增加。

能人

250 万年前，能人出现了。能人的直立高度仅略高于南方古猿，脑容量也只是稍微大些，但其智力水平和创造性却有所增加。能人可以凿落石块上的薄片用作切割工具。制作这样的石片并不容易。人类学家曾经尝试再现这一行为，结果发现石片的制作有一定的技巧性，要建立在反复试错的基础上。制作石片需要出众的智力、明确的目的性以及手工艺人的耐心。但总体上看，能人的创造性是有限的。尽管制作石器工具是一种非常重要的突破，但在能人存在的数百万年里，技术进步少之又少。虽然存在创造，但却缺乏相应的代际积累，于是此类切割工具并未发展得更为先进或是更加多样化。

在社会复杂性方面，我们可以认为能人与南方古猿和黑猩猩相差无几，当时能人群体的规模仍很有限。到 200 万年前，随着能人数量的增长，能人群体更为频繁地相遇。这就要求他们的脑部不断进化从而应对包括结盟等更为频繁和复杂的社交活动，避免每次相遇都以暴力冲突收场。能人的社交方式包括互送礼物和跨群体的联姻。后者尤其有效，因为以 DNA 为纽带的生命延续关乎两个群体的利益。人类进化学家估计，大约 200 万年前，非洲早期人类开始出现一夫一妻制（新世界猴已奉行多年）。后来的智人除了在一夫多妻、一妻多夫和乱婚之外，在一夫一妻制上也做出了成功或失败的尝试。这些尝试表明单配偶制和多配偶制是两条相互冲突的进化路径。

灵长类动物与同类联络感情和结盟的另一个方式是互相梳理毛发、捡去对方毛发中的小虫和泥土。这一行为可以追溯回 4000 万年前人类与旧世界猴的共同祖先。但随着能人群体规模渐增，他们无法在有限的时间内再为每个同伴梳理毛发。于是闲谈和“说小话”的行为出现了。

能人能够发出的声音仍很有限，还不足以凭谈话交流。但是手势可以帮助他们彼此沟通，并且他们还会发出哼鸣等声音以示喜悦，以及用咕哝声或是喊叫表达不满。社交有助于物种进化，为了促进社交，他们的交流能力也急需提升。

争夺配偶进一步增加了他们提升交流能力的紧迫性。雌性更青睐那些善于展现魅力或能够说服成员追随他的雄性。自 500 万年前人类与黑猩猩的共同祖先主宰灵长类社会以来，交配权始终属于那些能够建立同盟并且在群体中处于高等地位的雄性。

加强交流能力以应对日渐复杂的社会关系对于脑部的进

化产生了深远影响，这种影响在人类下一阶段的重要祖先身上也有所体现。

直立人

190 万年前，匠人或直立人进化出现了。关于匠人和直立人这两种非常相像的原始人类应如何划分界定，学界仍存在争议。匠人通常指生活于非洲的早期人类；直立人则指那些走出非洲、环游旧世界的原始人类。简单起见，我们将二者统称直立人，但这并不代表学界有关现存争论的生物分类学观点。

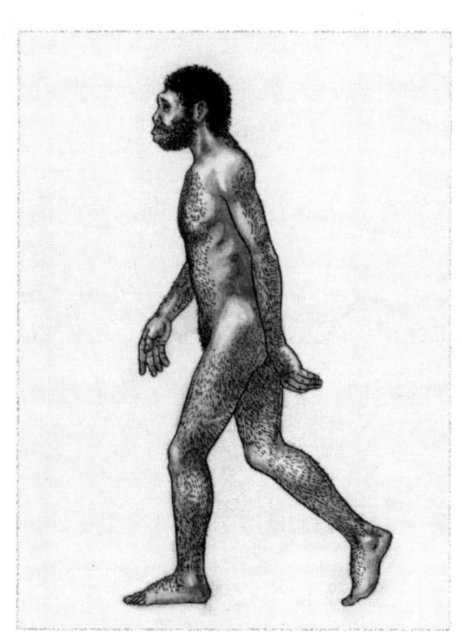

图 6-3　直立人

相比能人，直立人更高大，其双足步行的运动能力更娴熟，显然更习惯于长途跋涉。事实上，他们的耐力和跑步速度可能超过现代人类。直立人的面部结构更接近人类。如果一个穿着衣服的直立人出现在公交车上，你或许不会注意到有何异常。他们身体上的毛发已明显比更早期的灵长类动物有所退化，只剩下皮肤黑色素保护其免受非洲强烈光线晒伤。事实上，直立人的所有表型特征都非常接近现代人类。

有证据表明，直立人的群体规模更大，群体间的相遇也更频繁。他们能够用火、会烹饪并且可以食用肉类。食肉对于脑部的进一步发展至关重要，因为相比于摄入大量植物，仅一口肉就能够储存更多能量。直立人最为突出的进化就是他们的脑部明显增大，大概两倍于能人，是现代人类脑部大小的 70%。

人口激增使直立人走出非洲，进入亚洲南部和东部。他们适应了沙漠、森林、沿海和山脉环境。一个适应性如此强的物种显然拥有相当发达的智力水平。他们也成为第一个足迹遍布旧世界的物种，并持续存在了数十万年。

集体学习或由此开始

190 万年前进化出现的直立人在诞生后的数年里几乎没有做出工具技术改进。到了 178 万年前，生活于东非的直立人发明了一种新型的泪珠形斧子。不过这也可能是绝无仅有的一次发明创造。数千年里，直立人并没有调整或是优化这一工具。这样的现象也出现在此前每种会使用工具的灵长类动物和原始人类社会里。黑猩猩、南方古猿和能人的智力水平都足以创造工具并将这些技艺代代相传，但是这些创造却都没能在传承中得到改进。

然而，150 万年前，东非的直立人进化出一种革命性的全新技能，使我们看见了技术进步的曙光。直立人开始改善手斧的质量，并将它们作为锄头、砍刀和其他工具使用。

这种改进对人类历史演进至关重要。工具的修补、创新的积累以及以前人为基础的技术改进，史无前例地出现了。我们也称之为集体学习。

为何这一点如此重要呢？如果个体的创造能力是有限的，一个物种或多或少会在数千年后止步不前，直到下一次进化带来改变。即使能够使用工具，它们仍会陷入自然选择的缓慢进程中，久久不能增加复杂性。然而在未发生重大的基因改变或是进化的情形下，直立人一类的物种可以通过工艺修补改进现有的技术水平，并且能够走出原有的栖息地遍布世界，这标志着新纪元的到来。物种不再依赖于生物学意义上的进化或是残酷的达尔文世界来增加其复杂性。

人类已经迈出了探索性的前几步，打开了“文化王国”的大门。在下一个阶段里，相比生物进化，集体学习使复杂性更迅速地增加。这一创造复杂性的历史进程散发着耀眼的光芒，如同以旧时的蜿蜒道路为基础修建高速公路。

集体学习的进程才刚刚开始。一点一滴的技术进步终将汇聚成历史洪流。

第三部分

文化阶段

（315 000 年前至今）

PART 3

七　采集狩猎时代

智人经历漫长的进化姗姗而来。他们的集体学习能力前所未有之强大。采集狩猎时代占据人类史的98%，大约250亿人口都曾经历过采集狩猎的群居生活。人口瓶颈出现了，人口一度锐减至1万以下。之后不久，人类迁徙的足迹遍布世界各地。

“积累”一词最能概括智人的不同之处。虽然在代际传承中，部分信息被后代遗失，但传承积累的信息数量则更为庞大，即实现了集体学习。人类之所以能取得今天的成就，并不是因为每个人都是超级天才。粗略地看一下历史上或者现代的政治家、社会名流，或许还有你的姻亲，就足以证明这一点。在野外独自长大的人类个体并不比其他动物具备显著优势。即使在人类不必为生存发愁的时期，人的一生能够产生的发明创造也总是有限的。大多数人在绝大部分历史时期中的实际情况也的确如此。

然而，随着一代又一代人的创造，人类成为生物圈中奇妙而独特的存在。就如同一砖一瓦层层相叠，发明创造缓慢而稳定地积累着，复杂性在几千年的时间里极大提高。相比漫长的进化史，人类只在眨眼之间就从使用石器的原始社会迈入摩天大楼的现代世界。集体学习的力量可见一斑。

艾萨克·牛顿曾称，他站在巨人的肩膀上才得以在引力研究方面取得成果。在真实的历史世界里，这些“巨人”是贯穿人类史的千千万万创造者。这也是创新积累能够成就人类独特性的原因所在。相比天生的脑容量、语言能力和抽象思维能力，人类具有一种更加无与伦比的天赋，那就是人类能够铭记历史的细节，承载着对过往的记忆。

从直立人到智人

150 万年前的直立人开创了集体学习的先河。他们相当低调地花费数万年的时间，对制作石斧的工艺做出了温和的改进。无论如何，集体学习终于登上进化的舞台。只要自然选择认为集体学习对生存而言是有益的，这种能力就会随着每一个新物种的出现而变得更加强大。

先驱人于 120 万年前出现并大量移居欧洲。那时他们需要创新，以应对欧洲寒冷而陌生的环境。就身高和体重而言，他们与智人差不多，但大脑要略小一些，语言形态也有限得多。

大约 70 万年前，海德堡人先是在非洲出现，后来慢慢进入欧洲和西亚。他们的脑部更大，大致可比人类脑部平均水平的下限。类似于现代人，海德堡人很可能可以敏锐地分辨出交谈中的各类声音，并且沟通方式也相当复杂。

尼安德特人大约在 40 万年前出现，其脑部大小可与现代人类相提并论。不过，他们的抽象思维能力（对非现实事物的思考和交流能力）可能相对有限。

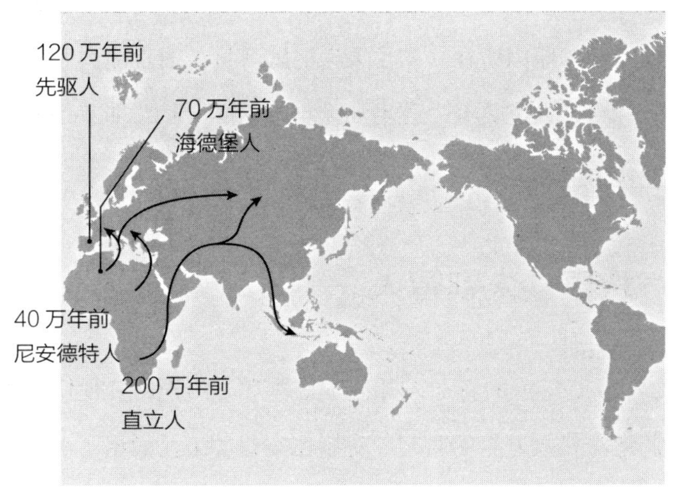

地图 7-1　从直立人到尼安德特人的演进[1]

先驱人、海德堡人和尼安德特人都明显呈现出集体学习的特征。他们首次将炉灶生火的技能有条不紊地运用于日常生活中，并且发明了刀片工具和木质长矛，创造了将石头与

[1] 地图作者均为 Alan Laver。

木头固定在一起的复合工具。海德堡人最早占领亚欧大陆。尼安德特人甚至为了适应气候变化，进行了必要的发明创造。他们出于隔热和保温的需要制作了衣服，并做出其他有关文化的创新。尼安德特人以精打细磨的石头为核心，制作出各种各样的复杂工具，如尖头工具、刮刀、手斧和木质手柄。这些工具都精心使用质量上乘的石质材料，并且随着时间的推移，工具的变化和改进层出不穷。旧世界大地上不断涌现的发明创造和人类的开疆拓土足迹都清楚地表明，人类的集体学习能力日趋强大。

315 000 年前，解剖学意义上的智人首次在非洲出现。那么，为何先驱人、海德堡人和尼安德特人都走向了灭绝，智人却得以延续呢？原因很简单，因为智人最擅长集体学习。例如，一旦智人进入了尼安德特人的聚居区，前者会在争夺资源中获胜。智人很可能杀死了大量尼安德特人，并且跨种族交配确有发生。除非洲人外，今天人类的 DNA 中包含了相当数量的尼安德特人基因。

智人具备最出众的集体学习能力，拥有最丰富的石器工具，最能适应新环境。仅有智人能够创作洞穴图画，绘制人体彩绘，演奏音乐，佩戴装饰品并进行象征性思考，这些事实都证明智人的脑容量更大，具有更强的语言能力和抽象思维能力。所有这些物质都为我们的集体学习能力提供了支持，使我们在环境恶劣的旧石器时代建立了巨大知识库，以便觅食和生存。

集体学习的发展有赖于以下两大驱动力。随着它们的强化，人类的集体学习能力也日渐强大。

1. **人口数量，**即可能的创新者人数。并非所有人在其一生中都能在技术、理论或哲学方面取得突破。但人口基数越大，人们就越是反复抛起“创新”的骰子，也就越可能发生或大或小的创新。

2. **畅通性：**创新建立在获取过往信息的基础上。这意味着，人类需要“访问”以口头或书面方式存储的知识信息库，或是需要与拥有这类知识的人沟通甚至合作。时至今日，人们有了像互联网这样的即时通信方式，通过手机也可以获取如亚历山大图书馆中浩如烟海的藏书，自然难以想象信息不畅对创新的制约。在大部分人类史中，人类知识库有限的可达性始终是影响创新的最主要因素之一。智人出现后的前 30 万年，每个群落仅仅由几十个采集狩猎者组成。

如我们所见，大部分人类历史见证了人口数量的增长、信息通达性的增强以及由此带来的加速发展。在过去的 1 万年甚至 10 万年里，人类生物学意义上的改变微乎其微，但在这期间，人们的生活方式却发生了天翻地覆的变化。一切都在加速前进。

我们如何确认智人出现的时间呢？首先，放射测年法针

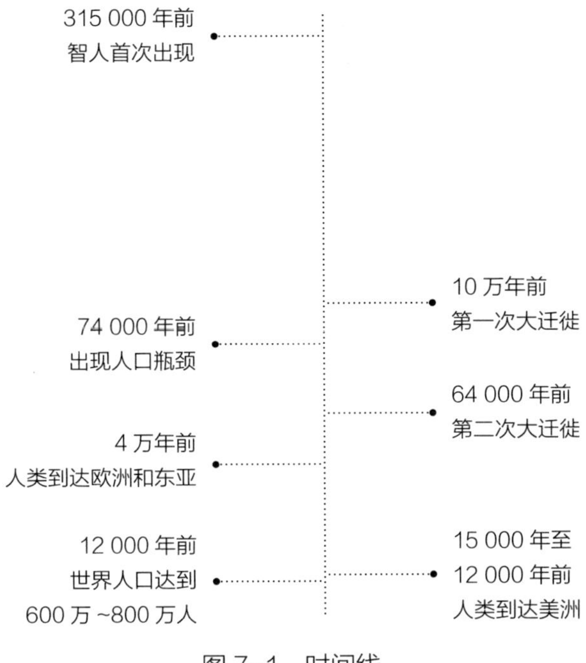

图 7-1 时间线

对考古队于 1967 年至 1974 年在东非发现的奥莫化石遗存进行测定，认为解剖学意义上的智人，其化石遗存中最古老的部分来自 20 万年至 195 000 年前。2017 年，更多智人化石在摩洛哥出土，它们可以追溯到约 315 000 年前甚至更早时期。如果未来数年学界仍有新的发现，智人的出现时间可能进一步提前。

315 000 年前智人出现后，基因上不太可能发生过能够显著提升其智力水平或集体学习能力的迅速改变。非洲智人在约 30 万年前绘制人体彩绘，12 万年前捕鱼，10 万年前开采地下的新材料，64 000 年前第二次大迁徙尚未开始时使用装饰性的珠子。我们认为，解剖学意义上的智人起源于315 000年前，且他们在接下来的数千年里仅在肤色、发色、瞳孔颜色，以及乳糖耐受性和酒精耐受性方面（若干年后）发生了微小的基因改变。但这些改变都不足以将后来的人类归为不同的物种或亚种。

石器时代的人类

我们现在正式进入人类史的范畴。大部分时候（自人类出现以来95%~98.5%的时间里），人类都结成小规模群落在世界各地采集和狩猎。这段历史时期的人类从解剖学上看与现代人别无二致，他们也有与我们相同的情感体验和创造能力。因而，相比更早期的人类祖先，我们更容易与这一时期的人类共情。从根本上说，他们就是我们自己。如果我们生在石器时代，也将像他们一样生活。但这些采集狩猎者的世界却截然不同。他们不时遭遇冰期，还要面临大量可怖的巨型动物，比如长有锋利犬牙的老虎或是3米高的食肉袋鼠。相比今天，那时的世界俨然一个陌生国度，甚至如同外星球。

以315 000年前智人的出现为人类的起点，地球上先后有约1000亿人出生。160亿~200亿人出生于250年前的工业革命之后，今天（本书写作时）地球上有近80亿人。大约550亿人生活在12 000年前人类进入农业社会后到工业革命来临前的这段时间里。以上种种，在 1000 亿总人口中占到了 710 亿 ~750 亿。

我们可以得出，约有 250 亿 ~290 亿人生活在 315 000 年至 12 000 年前，即采集狩猎时代。多数时间里，人口集中生活在非洲，仅在 10 万年至 64 000 年前，有相当数量的人口生活在非洲以外的地区。地球最多同时供养 600 万 ~800 万采集狩猎者，而旧石器时代的绝大部分时间里，人口数量远小于 50 万人。

无论从生物学还是人类本能来看，采集狩猎生活都是最适宜的生存方式，并且印刻在人类的血脉里。自 12 000 年前农业文明诞生以来发生的所有重大变革都意味着，留给人类进化并迎头赶上的时间已经不多了。

简而言之，人类今天虽身披华服，但本质上仍是穴居野人。

冰期

过去的 250 万年见证了数次气候冷热交替，漫长的冰河期（冰期）与所谓的间冰期（比如今天的气候环境）轮流而至。自 315 000 年前智人在非洲出现后，地球经历了两到三次冰期。在这期间，北美洲、欧洲、亚洲大部分为寒冰所覆盖，全球平均气温下降，其他原本郁郁葱葱的地区（如非洲）遭遇大旱，海平面降低。

倒数第二次冰期起始于 195 000 年前，那时智人已经相当适应非洲的生活。冰期持续了6万年，直到135 000年前，地球进入间冰期。间冰期仅仅维持了2万年，并于大约115 000年前结束（间冰期通常短于冰期）。与此同时，末次冰期开始并且格外漫长，持续了超过10万年之久。也是在这一时期，智人从非洲迁往世界各地。

末次冰期最为寒冷的时候，地表约有30%为寒冰所覆盖。冰盖停留处，低温令森林退化、植被减少，甚至成为沙漠，冬季更为漫长。115 000年前，人口集中在非洲，且那里的气候条件远比今天寒冷恶劣得多。

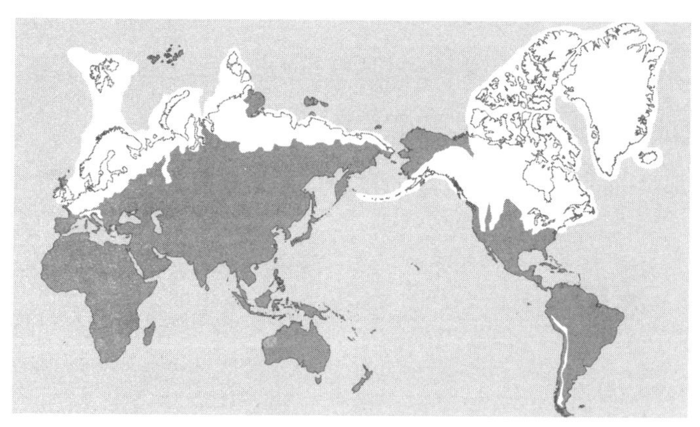

地图7-2　末次冰期最盛期的世界

人口瓶颈

智人数千年来都以同样的方式觅食：在自己的领地内巡视、狩猎、采集，直至该地区的动植物资源枯竭，再迁移至另一区域重复上述过程，而原先领地的生态全凭自然恢复。按照这样的方式，整个地表最多只能同时供养600万~800万人。

随着非洲人口数量的增长，人类需要更多食物维持生命。解决这一问题的答案并不在于非洲地区食物产量的“纵向增长”，而在于人类脚步的“横向拓宽”，即踏上更遥远的土地。

这或许促进了10万年前人类的第一次大迁徙。人们走出非洲，进入中东，也有证据表明他们远至印度，那时这些地区尚未为寒冰所覆盖。虽然发生了大迁徙，但大多数人仍留在非洲。

人类的DNA演化史表明，我们的基因多样性曾在第二次大迁徙之前锐减，这可能源于74 000年前的托巴超级火山喷发。托巴火山位于今天印度尼西亚苏门答腊岛中部，现在那里已是一片湖泊，实际上是一处火山口。

即使150万颗广岛原子弹爆炸的同时，所有国家也纷纷动用核武器，其威力仍不及托巴火山爆发时的1/3。托巴火山爆发向大气抛射了前所未有之多的岩石，碎石和岩浆洒向整片大陆。平均厚度达15厘米的火山灰覆盖了整个南半球和东亚大地，同时波及印度、阿拉伯并向东非弥漫。更多火山灰则飘向大气层，遮蔽天空、挡住阳光，令本就处于冰期的地球雪上加霜。随之而来的可能是全球范围内长达10年的寒冬。人口数量或因此锐减至仅余1万人甚至3000人。

过去的10年里，学界始终对托巴火山假说存有争议。但如果不是火山喷发，又应当如何解释人类DNA有限的多样性？对于其他答案，让我们拭目以待。

无论如何，人口瓶颈传达了关于人类的重要信息。简而言之，几万年前，人类的祖先至多1万人。这段时间不足以塑造人类种族间显著的基因差异。事实上，相比于其他灵长类动物，现代人类的基因多样性极低。相隔几百千米远的两群黑猩猩之间的基因差异都超过人类基因差异的上限。人类不是严格意义上的近亲繁殖物种，但是我们的祖先确实相当有限。

第二次大迁徙

64 000年前，人类又一次走出非洲。仅仅几千年里，人类从非洲经中东来到印度和印度尼西亚。大约6万年前，人类知晓了如何利用当时位于印度尼西亚的天然大陆桥（时值冰期，海平面更低），并经步行和筏运通往澳大利亚。

石器时代航海绝非易事。那时人类抵达澳大利亚的难度堪比今天登上月球。在接下来的2万年里，澳大利亚人口越来越多。到了4万年前，人类通过另一座天然大陆桥进一步前往塔斯马尼亚岛。

同样是4万年前，人类北上来到气候更为寒冷的地区。他们翻越高加索山脉进入俄罗斯，并由东至西迅速深入欧洲。最令人震撼的是，人类并未停下脚步，而是继续前往更寒冷的地区。至少在2万年前，仍处于冰期的西伯利亚已经有了人类的足迹。不妨试想，在如此环境下，人类需要哪些必备的生存技能。

关于人类如何进入美洲则需要更为详尽的阐释。事实上，我们并不能十分笃定人类的路线。比较明确的是，人类于 2 万年至 15 000 年前穿越西伯利亚和阿拉斯加之间的白令海峡（那时仍是天然大陆桥），他们或许跟在狩猎收获的动物群身后。但冰期的巨大冰盖会阻碍人类从阿拉斯加继续深入美洲的脚步。随着 15 000 年至 12 000 年前冰盖消融，或有水道就此打通，人类得以在美洲大地上顺着水道一路向南。另一种可能是，人类缓缓地划着筏子沿太平洋海岸线南下。又或许二者兼而有之。无论如何，智人成为唯一也是首个定居美洲的人种。

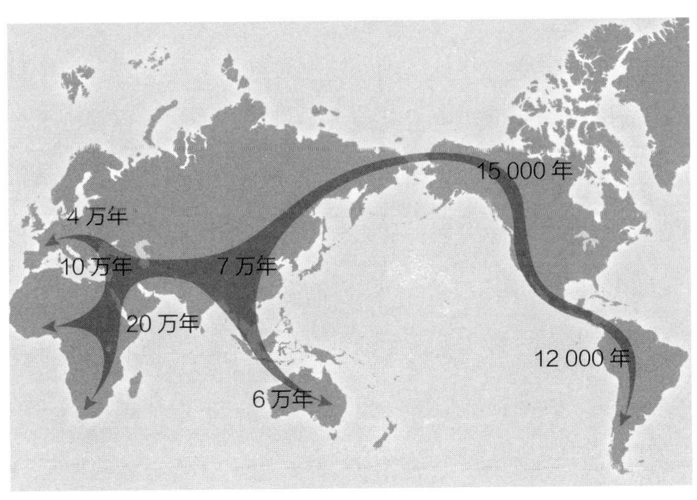

地图 7-3　10 万年至 12 000 年前的人类迁徙

过时的人类本能

人类相当适应采集狩猎生活。这样的生存方式从同样以采集和狩猎为生的人类祖先处进化而来，并持续了 315 000 年之久。但身处当时当地，人类必须应对可能终结基因延续的种种打击。人类的本能也随之进化。

从许多方面来看，人类的本能天然适配于小规模群居的采集狩猎生活。以社交焦虑为例。现代社会中，人们实在不必因为要在一群陌生人面前讲话而焦虑，或在初次约会前紧张不安。城市中生活着上百万人口。即使你在数百名观众或者可能的伴侣面前出丑，第二天你依然可以走出家门，另找一群人或者一个约会对象重新来过。

然而，旧石器时代却并非如此。当时，人类群落可能仅由几十个人组成，并且这种关系维持终生。如果你在一大群人面前出丑，就可能遭受其他人的排挤，即减少你获取食物或者争夺配偶的机会；如果他们相当厌恶你的存在，集体也可能因此将你驱逐出去；如果你在未来的配偶面前出丑，他（或她）可能广而告之，于是你的基因可能面临永久止步于此的残酷事实。事实上，生活在这种小规模、彼此紧密联系的等级社会所面临的风险，可以追溯到 500 万年前人类与黑猩猩的最后一位共同祖先的时代。

因此，人类有充分的理由本能地对社交场景感到焦虑。我们的许多天性都是以类似方式演化出现的，并且其中很多并不适用于现代社会。

采集狩猎与社会生活

人类获得食物的途径分为狩猎和采集两种。大体上看，性别二态性（不同性别之间存在体型和力量的差异）带来了男性狩猎、女性采集的性别分工。但通过研究过去 200 年里依靠采集狩猎为生的现代群落，我们得知，性别分工存在交叉。一些女性具备狩猎者的运动能力和专业知识；也有男性更熟悉植物，或者他们年老体弱不适宜狩猎。更进一步说，个体或许存在对于某项活动的个人倾向，就像是今天不同人也偏好不同类型的工作。当然，以上只是例外。总体来说，女性仍多采集，男性则多狩猎。这样的模式可以追溯到至少 200 万年前。

平均来看，采集狩猎时代，60% 的食物来自采集。这是由采集的稳定性和狩猎的不确定性造成的。狩猎者有时可能数日无所获，但某天又一次性将多种猎物收入囊中。一些社会理论家认为，60% 的比例意味着这一时期的女性即使未能拥有和男性完全平等的政治力量，或扮演完全相同的政治角色，至少也拥有同等的“硬实力”。但这一结论与关于采集狩猎者的现代研究相悖，也忽视了性别二态性和男性无论对同性还是异性都暴力得多的事实。简而言之，采摘数颗坚果和莓子的女性并不能与用一块石头就能敲破别人脑袋的男性相抗衡。过去或现在，人类力量的强弱之分都并不完全基于生产力。倘若果真是基于生产力，那么农民阶级应当是中世纪的统治者。实际上，除了生产力，威慑力、传统和群体忠诚度都是权力大小的影响因素。

采集狩猎时代的性别分工有时也违背简单的二分法。低等级女性要比低等级男性更受重视。女性攻击男性可能几乎不会产生任何后果，但男性即使仅仅冒犯女性，也可能被群落中的其他男性杀死。唯一的例外就是群落的男性首领，他们的高等身份经常可以帮助自己“逃脱制裁”。可见权力和等级比性别更为重要。

采集狩猎时代，人们大体上维持一夫一妻关系（特别是经历婚姻仪式的夫妻），但是少数高等级男性也可能出于社会地位需要而实行一夫多妻制，并且他们通常借用宗教力量维护这种婚姻关系的正当性。此外，那时的性关系与浪漫关系和今天一样随意且非理性。早期人类在感情方面与现代人相似，可能也经历了相同程度的情感体验。从强烈的爱慕到混乱的分手，从嫉妒到不忠，皆是个体间出现暴力冲突的原因。

相比后续所有时期，暴力在采集狩猎时代最为普遍。针对旧石器时期人类骨骼的研究发现，故意伤害是人类致死的一大原因，这一时期的“谋杀率”约达 10%，并且多数受害者都是男性。这一比率远远高于任何一个现代国家的谋杀率，也远超过去 5000 年里任何社会的谋杀率。

典型采集狩猎部落平均每两百年经历一次灭绝。灭绝可能来自种族屠杀，也可能被另一个具有不同文化属性的群体征服或吞并。某一种人类文化不会长久地主宰一个地区。灭绝（或至少文化意义上的消灭）并非例外，而是适用于大部分人类史的法则。

早期人类一旦受伤或生病，很可能等同于宣判死亡。如果他们误入食物匮乏地区，也会面临被饿死的风险。诸如骨折、伤口感染、蛀牙这类小问题都可能成为他们的致死原因。婴儿死亡率相当高，一半婴幼儿都死于 5 岁之前。更有甚者，采集狩猎者为了使每个人获取足够多的食物必须四处活动，造成杀婴率高达约 25%。

积极的一面是，采集狩猎者仅用一天中的部分时间觅食。他们平均每天劳作 6.5 小时，农业社会人类平均每天劳作 9.5 小时，现代办公族每日标准工时是 8 小时。采集狩猎者利用额外的时间进行各种形式的社交，包括举办篝火盛宴、跳舞，以及最为重要的——争夺配偶。

在收成不错的时候，由于食物来源多种多样，采集狩猎者的食谱实际上相当健康。不断迁徙的生活方式意味着病毒和传染病不易爆发。相比于后来的农耕时代，采集狩猎者面临的疾病威胁更少。于是我们自然认为，采集狩猎时代的生活水平比发达国家实现现代化之前任何一个时期的生活水平都要好。

到了 12 000 年前，人类足迹遍布地球时，人口数量已达600万~800万之多。我们已经向自然界证明人类是一个极具适应能力的强大物种。人类思维和工具的复杂性也达到空前高度。翻天覆地的变革行将来临。这一变革不仅将人类带入古代和现代社会，同时相比至今为止的漫长历史，有如眨眼一瞬的12 000年见证了大加速。大加速从未停止，反而随着人类进入现代社会而加快。我们应当谨记，人类如今站在进一步变革的悬崖边缘，这种变革可能带来如上帝创世纪或者宇宙演变般的结果。而一切变革的起点都在于此，在于数以百万计的、天资聪颖的灵长类动物开始制造石器工具。

八 农业的曙光

通过农作物的光合作用，人类获得的能量流增加了。更小的土地范围内，耕种作物养活了更多人口。人们居住在彼此靠近的居所。人口增长，即潜在创新者增加，集体学习的脚步随之加快，复杂性飞速提升。

人类在经过几万年的迁徙之后，脚步已遍及世界主要地区。随着末次冰期的结束，采集狩猎人口数量达到顶峰，有600万~800万之多。其中，约500万人口分布于欧亚非大陆，200万人口分布于美洲大陆，50万~100万人口分布于澳大拉西亚[1]。直到4000年至800年前，人类才来到太平洋岛屿的大部分地区定居生活。

随着12 000年前末次冰期结束，中东地区的新月沃

[1] 澳大拉西亚一般指大洋洲的一部分，包括澳大利亚、新西兰和邻近的太平洋岛屿。——译者注

土——历史学家和人类学家称为“伊甸园”，生态丰饶，食物富足。世代采集狩猎者不必再迁徙寻找其他的觅食地。当地人以在小范围内采集植物、猎捕动物为生，过着半定居的生活。这样的生活方式使得当时的一代人不必再为觅食长途跋涉。

后来，随着人口激增，食物短缺，采集狩猎者落入人类学家所谓的“定居生活的陷阱”。人们为了填饱肚子不得不培育植物，驯养动物。这就是最初的农业，即为了供养更多、更密集的人口而有意栽培植物，驯化动物。随后，农业向埃及传播（埃及的农业也可能发源于本土），进入中东，并逐渐深入欧洲。

大约1万年至9500年前，类似的“伊甸园”在中国北方的黄河流域和南方的长江流域也出现了。与中东的情况相似，东亚人也开始培育植物并饲养动物，以供养日渐增长的人口。相应地，东亚农业向中南半岛和日本传播。随着位于今天中东和东亚地区的农业不断发展，两股农业力量逐渐交汇于南亚地区，特别是印度河流域。

海洋和撒哈拉沙漠阻碍了农业向一些地区传播。在西非，“定居生活的陷阱”也出现了。大约5000年前，当地农业独立发源于尼日尔河流域和贝努埃河流域，此后又传遍整个西非地区。直到今天，这一带仍然是非洲人口密度最高的地区。几千年后，农业传入非洲最南端，但并未完全取代当地的原始生活方式。在非洲南端，仍有许多人直到今天还过着传统的、居无定所的生活。

与此同时，5000 年前，中美洲也落入“定居生活的陷阱”。农耕方式逐渐传播开来，南至秘鲁，北至位于今天美国西南部的普韦布洛村落。最为有趣的是，5000 年前，新几内亚岛的人口虽然非常有限，但却独自孕育了当地的农业文化。在澳大利亚，采集狩猎仍是主要的生活方式，但也不尽然。一个显著的例外是当地颇为高产的“火棒耕种”模式，即焚毁大片森林，清空土地，杀死野生动物，从而提升土地肥力，促进土壤再生。此外，澳大利亚南部的水产业也供养了数以千计的定居人口。

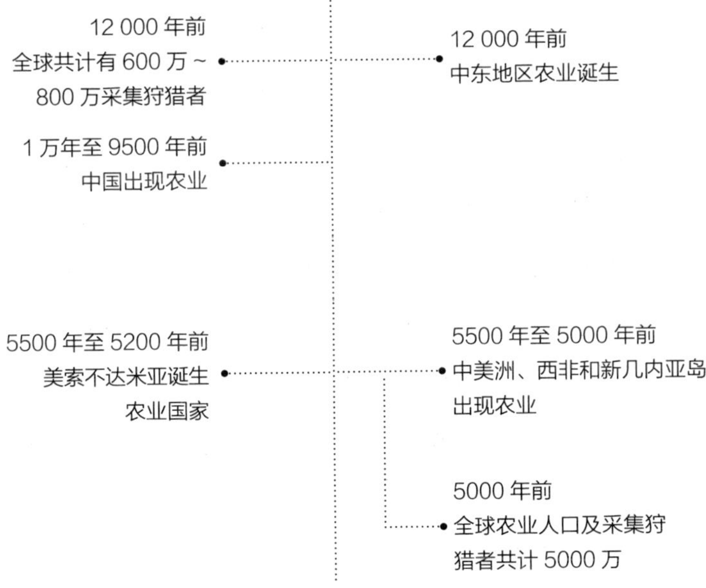

图 8-1　时间线

全新层级的复杂性

从不同维度上看，农业社会的到来标志着复杂性进入了全新的层级。首先，人类能够用来维持自身复杂性的能量流增长了 1 倍以上。在人类掌握了火的使用后，采集狩猎社会的能量密度为 4 万尔格 / 克 / 秒；尚未现代化的农业社会的平均能量密度为 10 万尔格 / 克 / 秒。相比之下，太阳维持燃烧所需的能量流仅 2 尔格 / 克 / 秒，单细胞生物维持生命所需的能量流仅 900 尔格 / 克 / 秒，流过大多数多细胞生命的能量密度为 5000 至 2 万尔格 / 克 / 秒不等，具体取决于生命体当时的活动状态。从结构上来说，农业社会并非来自单一有机体的细胞搭建的网络，而是一张脆弱的关系网，它由许多不同的有机体组成，包括人类、植物和动物。并且在整个宇宙中，这张关系网的结构复杂性和能量密集程度都位居前列。如果历史演进停留在 1 万年前的新石器时代，这张农业社会的关系网仍会是宇宙演进史中一块尤为显著的里程碑。

简而言之，太阳系某块细碎的岩石背后，承载着整个宇宙演化的起点。大爆炸后短时间内，这一点积聚了略多于宇宙其他地方的能量。这个至细至微的起点不断强化，密度越来越高，其复杂性超过浩瀚宇宙中的一切。

与地球上大多数有机体一样，采集狩猎者和农业人口都获得了太阳提供的绝大部分能量流。采集狩猎者环绕某个区域巡察，采摘通过光合作用获取能量的植物并猎捕动物（有些也以植物为食），利用依靠太阳生长的树木取火，从而烹饪采集狩猎所得。

相比之下，农业人口的食物则不仅仅来源于未开垦的荒野大地。由于有些植物不适宜人类食用但却占据了宝贵的土地资源，因此农民砍伐森林，培育土壤，浇灌田地，大面积栽种可食用的高能量作物。他们既用这些作物填饱肚子，也靠它们养育数百只受人类驯化的动物。人们可以通过这些动物获得皮毛、乳品和肉类，而不必再结伴猎捕少量的野生动物。后来，人类为了更加高效地利用能量，开始有选择地培育植物，饲养动物，他们种植谷物以获得更高产量，饲养肥壮的动物作为肉类的来源。

培育农作物和饲养动物标志着自然界的一大转变——人类不再适应环境，而是让环境适应他们。最终，这种全新的生存方式供养了更多的人口。农业的出现极大提升了土地的人口承载力，每平方千米土地可以供养的人口是采集狩猎时代的 10 至 100 倍。整个地球从最多供养 800 万采集狩猎者迅速转变为可供养 8000 万农业人口，且地球对农业人口的承载力最终达到 8 亿之多。

能量流的增加以及最终的人口增长构成了促进集体学习的良性循环。随着农业的传播，人口（潜在的创新者）越来越多，于是每代人都更有可能做出创新。有些创新，如耕作方式、作物、工具或技术创新，进一步增加了地球的人口容量。其结果是，人口越来越多，创新也越来越多，且二者间的循环不断加快。

相比于采集狩猎时代，农业社会不仅创新加速，耕作区也迅速成为人口最为密集的地区。过去，人类居无定所，数十人结成群落生活；农业出现后，人类开始以数百人为单位聚居于农田附近的村庄里。采集狩猎者不仅难以跟上农业社会技术进步的脚步，而且他们很快发现自己在数量上也不占优势。曾经用来打猎或采集的土地逐渐为定居农场所取代，于是他们不得不迁往更远处，或者也开始农业生活。结果导致采集狩猎者或是忍饥挨饿，或是劫掠农场村庄，诉诸暴力，但暴力行为或又招致农业人口的反击。在接下来的 12 000 年里，凡农业人口所到之处，农田和采集狩猎区的交界都不断上演这样的悲剧。

酩酊大醉与疾病丛生

大约 12 000 年至 5000 年前，农业社会所及之处，仅有农场和村庄出现。城市、国家、军队、文字和王朝尚未产生。历史还没有进入传统意义上精益求精的阶段。由农场和村庄主宰的世界延续了 7000 年。在如此漫长的时间里，人口不断增长，人们开始探索农业生活方式，其弊病也随之而来。我们将这一时期（直至国家出现）称为早期农业时代。

相比于旧石器时代或农业国家时代（后者各地情况有所

不同），人们在早期农业时代的生活水平并不高。整个早期农业时代，农民都使用石器工具。尽管这些工具颇具创造性，也彰显了集体学习力量的强大，但效率有限。此外，这一时期农民既没有优质肥料，也不善于灌溉。

因此，早期农业时代，土地的人口承载力总体而言比较低。这意味着，除了最早一批农民过着相对富足的生活，此后人口过剩、营养不良、饥馑灾荒在相当长的时间里困扰着农业人口。人类尚不能充分利用畜力，多数栽种和开垦工作仍由使用原始石器工具的人类承担。由于成年人和儿童都要劳作，因此相比采集狩猎时代，人口繁衍更为必要。人们用石斧砍伐森林，用石锄松土并翻开粗糙的土壤，用石头或骨骼制成的手持镰刀收割农作物。

这一时期，动物粪肥也尚未充分发挥作用。土壤迅速失去肥力，随后农田因不宜耕种而被迫弃置数年。早期农业对于自然水源（河流）的依赖性很强，技术和人力的双重限制阻碍了人们利用更复杂的灌溉方式来拓展作物耕种范围，能够高效利用的土地面积仍很有限。

即使没有饥荒，相比旧石器时代，早期农业时代的生活条件也更为恶劣。旧石器时代，采集狩猎者的食谱相对多样化，也有种种证据表明他们通常定期清洁身体。加之采集狩猎者小规模群居且不断移动，传染病少有爆发。然而到了早期农业时代，人们过着定居生活，终生在几平方千米的范围内活动。这意味着食物垃圾（枯腐植物、动物腐肉和内脏）

和缺乏妥善处理的排泄物（人类和动物粪便）随处可见，它们经常被堆积在住所附近。卫生状况相当堪忧，疾病随之而来。伤寒和霍乱多发，其传染性和致死率都非常高，成为人类生存的巨大挑战。伤寒由致病菌引起，能够通过共同的食物和水源造成人与人之间的传播。一旦感染，患者会出现疲劳、肿胀、疼痛、发烧、精神错乱、幻觉、心脏问题、溃疡和肠道出血，且极易进一步传染给他人。霍乱则由一种侵袭下肠道的细菌引起，急剧的腹泻和呕吐造成患者严重脱水，患者双眼凹陷，皮肤皱缩变蓝，直到最终死亡。人口大规模聚居，人与人和人与动物之间的密切接触也带来了其他病毒和痘疹。这些疾病通过咳嗽和喷嚏传播，患者患病后会发疹致使皮肤溃烂，引起脑肿胀、痉挛、高热以及死亡。

同时，人类和他们驯养的动物共用水源地洗澡和排泄，这对于改善健康问题毫无帮助。在这些地方洗澡并没有起到清洁的作用，反而可能引发疾病。所以在有些地区，讲究个人卫生反而成为不入流的生活方式，一些人认为洗澡对健康有害无益（但在其他地区，人们仍然照常定期清洁身体）。于是不及时洗澡进一步恶化了人们的健康状况。另一方面，几千年来，人类都缺乏有效的肥皂和抗菌剂。人们开始习惯体臭味，饮食结构不合理和不注重口腔卫生也带来了口臭和蛀牙的问题。

出于相同的原因，饮用水也受到污染，水质卫生极差。不过令人欣喜（或者心痛）的是，酒诞生了。饮用发酵并稀释过的蜂蜜酒、啤酒和葡萄酒比摄入纯水更加安全。自不必说，人类在接下来的数千年里常常痛饮大醉，这也为解释人类的一些决策提供了有趣的视角：早期大多数酒精饮料并没有 19、20 世纪经过蒸馏后推入市场供人们消遣饮用的酒精饮料强效。进入现代社会前，啤酒的平均酒精含量约为 2%，但高达 10%~25% 的人口都曾过量饮酒，且这一情况可以追溯到农业社会前。6600 万年前，形似老鼠的哺乳动物祖先食用腐烂的水果和野谷，结果意外摄入些许发酵酒精。在酒精的作用下，它们微小的脑部分泌出少量能够带来愉悦感的多巴胺。这种愉悦感反过来刺激了它们食用腐烂食物的行为，促使我们的哺乳动物祖先以此延缓饥饿，争取生机。随着酒精的大规模生产制造，后来人类摄入的酒精实际上超过所需，神经系统也已过载。

早期农民与他们驯养的动物住得很近，有时甚至同处一室。于是，病毒和细菌在人与动物间传播，由此引发了快速蔓延的禽流感和猪流感，并给人类带来沉重打击。食物和垃圾也带来鼠疫的问题。老鼠、跳蚤、蟑螂随处可见。生活在肮脏污秽环境里的常住居民还可能染上其他疾病，包括各类传染病、痢疾以及多种恐怖的瘟疫。

心生向往还是避之不及？如果先前的历史演进令你一度认为“复杂”是“进步”的代名词，那么早期农业时代将让你大失所望。

以村落为单位

暂且不论令人在污秽中死亡的饥荒、瘟疫和疾病，孕育于采集狩猎文化的早期农业，其每平方千米土地确能供养远超先前的人口。其结果是，集体学习加速发展，复杂性得以提升。

采集狩猎时代，社会以家庭为核心。群落内部的管理主要依靠血缘关系，群落之间的联盟则通过仪式化的联姻来维系。农业社会的崛起使这种社会关系的复杂性再度增加。农场仍然由家庭组成，为了维持生计，每个家庭成员都承担了某些日常职责；相邻农场的各个家庭之间存在联姻。但农业时代的社交活动集中在居住着几百人的村庄里，人们聚集在一起交换物品（农产品、工具）和信息，处理那些具有广泛影响的事务（作物产量、天气引发的问题、可能的入侵者和家庭纷争）。为了防止发生大规模饥荒，村民也可能在村子里囤积粮食。早期农业时代，宗教也不断发展。来自不同村庄的村民会参与某些越来越复杂的丧葬仪式。丧仪促进了用于随葬的珠宝和其他装饰品的出现。这些首饰可以清楚地体现死者的身份地位，也反映出日渐复杂的等级制度。

暴力冲突方面，与采集狩猎时代一样，多数暴力行为无疑仍发生在人与人之间。但随着人类定居和土地权利的产生，人们开始争夺粮食和牲畜的所有权。冲突可能表现为邻里之间的偷盗或土地纠纷，并且这类纷争会交由更大范围的聚落来裁夺。

外来人口入侵也是一个新问题。附近的人口（定居农民或非定居的采集狩猎者）闯入耕地，抢走农作物、牲畜和工具，并可能绑架女人和孩子。公元前8000年出现的容纳定居农业人口的最早一批农居地（如位于美索不达米亚的阿布胡赖拉村庄）尚不具备防御设施。但随着农业社会不断发展，农业人口开始共同在村庄周围建造城墙、壕沟和瞭望塔。最为突出的一个例子是公元前4800年至公元前3000年的中国西安半坡村落遗址。那里所有的房屋聚集在一处，房屋前阻隔了一道城墙，而城墙外又环绕着一条壕沟。

更早的例子是位于新月沃土的耶利哥聚落。公元前9500年，耶利哥聚落化身农业村庄。最初，村庄缺乏结构化的防御设施，数座房屋依傍淡水泉集中建造。人们通过原始的灌溉沟渠将泉水引向10平方千米范围内的农田。到了公元前8000年，村落附近矗立起一道城墙。

上述两个例子清楚地表明了建造城墙壕沟的目的。村庄内部，农民间的贸易时有发生，村子里还囤积了粮食，偶尔也有众多资源集中在一处，因此通过建造防御设施阻止众多侵略者闯入并“再分配”村落的财产十分必要。值得注意的是，村庄设有防御性结构并不意味着大规模战争已经出现，早期农业社会尚不存在此类战事。相反，这些掠夺者只是伺机行事，不时与由当地农民组成的民兵在其领地边界发生小规模冲突。

权力和等级

为了协调农业社会更为复杂的关系，以及在人口更密集的农业聚落中处理诸多法律事务并防御外敌，统治阶层产生了。任何面向公众的统治者均属此列。这意味着，个体可能服从某个素未谋面的统治阶层管理者的管理。请谨记，早期农业时代，绝大多数人类从事自给自足的生存农业。只有相当少数的人承担了当权者的职责。他们负责裁决纠纷，组织修建一些无法由个人或家庭独立完成的基础设施。

农业聚落内部有两种方式（有时可能并用）指定当权者。第一种方式，也很可能是最初的方式，即“自下而上”产生权力。我们所说的当权者，是指某个人或某个团体，他（或他们）具有发号施令的威信，并有理由认为其命令能够得到执行。更广泛地来说，“自下而上”是指以食物或人类劳作成果为载体的能量流的流向，且这一流向由当权者指定。

就“自下而上”的情形而言，农业聚落常指定有经验或通达事理的人裁决纠纷，并为整个聚落（由能量流组成的体系）做出关乎全体的决定。当权者通常是一名或数名长者（拉丁语 maiores，即英语中的 mayor，意为市长，亦由此而来）。为了留出时间进行决策，承担职责，长者可能获得由他人耕种的食物，从而减少他在维持生计上所花费的时间。最初，人们基于德行指定当权者。除了对不愿合作的个别人或小团体在人际和社会关系上做出些威吓，当权者无须过多施压，聚落内的人便会服从他的决策。

如此看来，早期农业社会的统治者与采集狩猎时期并无太大不同，甚至与多数灵长类动物首领别无二致。所有灵长类动物群体都存在某种类型的统治阶层。但不同之处在于，一旦农业人口增长至 10 万级，即使由 1 位或几位长者组成的统治集团是群体中的最强者，或能够与他人维持最为强有力的联盟，也难以仅凭这些优势确保其统治地位。在农业聚落内部，当权者能够结交的个体是有限的。相反，一种权力结构则可能包含经选举、继承或宗教仪式授予权力的正式程序。为了确保当权者的命令得到服从，这些长者很快就会需要一些自愿或是能从中获利的执行者。

于是，第二种“自上而下”的权力产生方式诞生了。由于当权者可以进行暴力胁迫，因此，这种方式的授权无须大众同意。随着农业聚落开始建造防御设施，民兵组织或是由数名男性组成的、能够使用暴力的团体出现了。这些人的暴力行为不仅针对外来者，也针对聚落内不服从命令或不接受纠纷裁决的内部人口。权力实施者需要额外的能量流作为针对其付出的酬劳，因此他们也不需要将全部时间用于务农。为了维持这一能量流的循环，当权的长者始终可以利用执行者收取周围人口进献的物品。以上种种都循序渐进地发生，并且披着合法性和村民共识的外衣。

需要注意的是，早期农业社会尚未长期受到意识形态的浸染，因而并未产生民主制度的倾向。例如，那时的人类可能认为权力继承是一种更为自然的权利授予方式。自下而上、更为民主地（或至少是任人唯贤地）选定当权者的方式实际上很快就被根深蒂固的世袭贵族统治所取代。

这一点与我们灵长类祖先的天性是一致的。黑猩猩依靠继承延续结盟关系，高等级黑猩猩的盟友和它们提供的保护会由这些黑猩猩的后代承袭。因此，“自下而上”和“自上而下”的权力产生方式所走过的历史并不等长。民主、任人唯贤和继承的领导传统，其确切的发展时间在不同地区和文化间也存在差异。

迈向“传统”意义上的历史

尽管以上种种我们已司空见惯的操弄权术的行为令人反感，但我们需要明白，早期农业时代，大多人类居住在由近亲组成的小型农业聚落中，有亲密的家人和友好的邻居相伴，且其价值观念已经相当适应这种社会生活，正如小规模采集狩猎聚落对许多身处其中的人来说也算稳定宜居。尽管今天广义上的政治活动也有其雷霆威势和不光彩的一面，但人类总体上仍能健康幸福地生活。无论何时，你如何展开生活，生活就呈现何种面貌。

此时，人类社会各个阶段的共性已经确立，也是它们将整部人类史串联在一起。因为穿越 315 000 余年，各个时

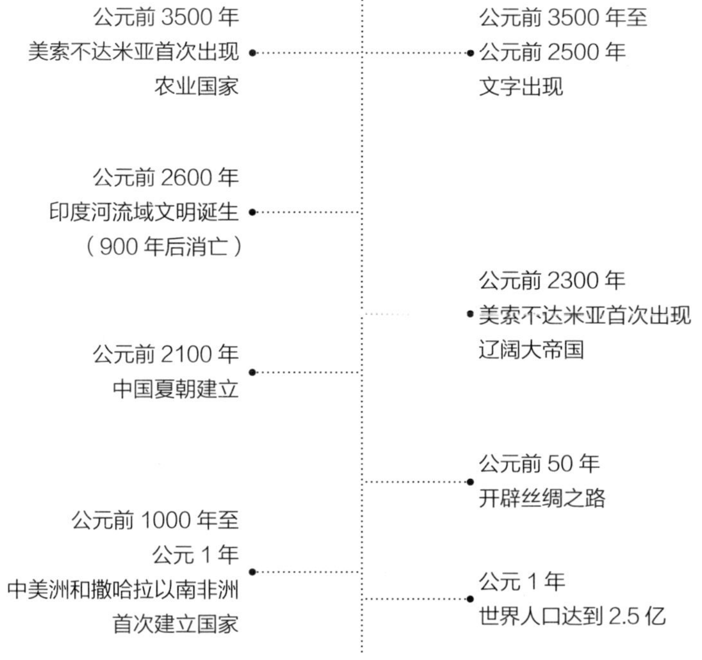

图 8-2　时间线

期的人类从功能和物种上看始终如一。过去 5000 年“传统”意义上的历史最为引人注目的一面，就在于其改变的步伐之迅速和“非传统”，以及此后复杂性的增加之显著。

九 农业国家

农业国家诞生了。世界人口急剧增加。盛衰循环阻碍了历史进程。国家间的贸易提升了人类的集体学习能力。印刷术的演进使知识共享驶入快车道，知识在更大范围的人口居住区之间传播。

现在我们来到传统意义上的历史阶段。这已经是本书的第九章，但更令你惊奇的是，仅此一章已涵盖了这段历史的大部分时期（前 6000 年）。复杂性和集体学习的演进依照某些具有概括性且贯穿始终的模式进行。以这些模式为脉络，我们可以用短短一章讲述数千年的历史。就像达尔文的进化论帮助我们厘清了化石记录显示的亿万物种的残酷屠杀一样，复杂性和集体学习的演进模式也如此重要。它成为由纷繁复杂的姓名、时间和事件构成的整部人类史的基石。

农业国家时代，人类为了耕种作物、饲养牲畜，获取了前所未有之多的太阳能量。这一时期，80%~90% 的人口都是农民。集体学习逐渐提升了农业效率，带来了农业在全球范围内的普及。一些看似新鲜的身份出现了：城市居民、政府官员、军人、工匠、抄写员和统治者，以上众人都无须从事农业劳作。复杂性进入下一层级。集体学习带来了全球人口增长，但这一增长并未与农业人口出生率的变化同步。于是，周期性的人口危机出现了，并导致国家内部暴力冲突加剧，甚至带来帝国的衰落。此类产生政治影响的人口周期性变化称为“长周期（secular cycles）”。如果将传统意义上的这几千年历史比作一片海洋，那么这些周期性的变化趋势恰似大海深处的潮汐涌动，正是它们在海浪上方卷起“打转的泡沫”。

城市的兴起

公元前 3500 年，随着农业的兴起，世界人口从采集狩猎时期的 800 万增长至 5000 万。于是，潜在的创新人口急剧增加，集体学习的步伐随之加快。我们通过以下三方面变化确认了早期农业时代向农业国家时代（始于公元前 3500 年）的转变。

1. 劳动分工和大型城市的出现（非农业人口靠剩余农产品供养）；

2. 文字的诞生；

3. 长周期的开始（帝国随之经历兴衰更替）。

为了供养大量非农城市人口，乡村需要提供剩余农产品。公元前 5000 年，集体学习开始在新月沃土发挥影响。由软金属制成的更为坚固的工具逐渐取代了木质、石质和骨质工具；数千年来农民选择性地种植高产作物；灌溉将水源引入原本干旱的土壤，植物得以吸收从前未能获取的营养；农民使用动物犁地，从而比人力更高效地破碎土块。以上种种，加之公元前 4000 年当地有利的气候条件，农业生产率跨越

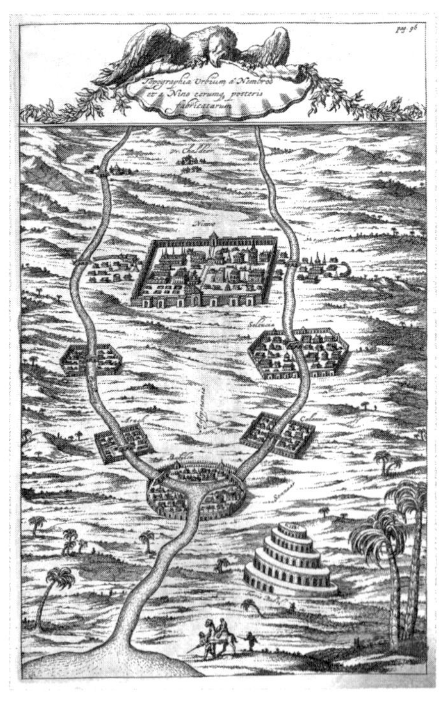

图 9-1　17 世纪关于巴比伦和尼尼微的地图

式增长。在剩余粮食的供养下，村庄和城镇规模不断扩大。

公元前 3500 年，苏美尔地区的埃利都从一个农耕村庄发展为容纳了 1 万人的城邦。公元前 3500 年至公元前 3200 年，数个和埃利都规模相近的城邦纷纷涌现。但这些城邦的规模都不如位于埃利都西北方的乌鲁克大。乌鲁克的土地面积是埃利都的 15 倍，居住着 8 万居民，成为迄那时为止最大的人类长期定居地。

集体学习的发展促进了农作物产量的提升，从而为社会复杂性的增长提供支持。乌鲁克城邦的劳动分工相当明确，非农业人口依靠生产效率不断提高的剩余农产品养活。数位听命于祭司王的祭司构成了城邦的统治阶层。祭司之下设有多名负责协调安排城邦内繁杂事项的抄写员。数千名工匠和劳动力建造起宫殿和神庙。士兵负责维持法律和秩序，守卫城墙。亚麻和羊毛产业蓬勃发展、富有的商人大批涌现、奴隶被迫承担家庭仆人或劳工的工作。城邦之外，农民构成了大约 90% 的人口，祭司则拥有 30%~65% 的土地。相当数量的农民也受到奴役。

伴随着大型人口聚落的产生，奴隶制迅速出现。一旦农产品的产量足以供养统治阶级及保卫统治阶级的士兵，统治阶级也就有充足的兵力镇压反对其意志的民众。奴隶制常被披上“合法”的外衣。负债、犯下罪不至死的罪行、身为异教徒或外来民族都是确立奴隶身份的托词。但多数情况下，奴隶通常是战俘。奴隶制延续了 5000 余年，始终是所有农业国家奉行的法则之一，近几百年来对奴隶制的废止反而成为一种例外情况。

战争开始了。苏美尔地区诸城需要农田，以供养人口并确保民众富裕。历史上由数千名士兵组成的军队首次集结。公元前 3500 年至公元前 3000 年，乌鲁克始终在众城邦中占支配地位。后来，乌鲁克与其他城邦国家的竞争日趋激烈，终于燃起了可怕的战火。公元前 2550 年，乌鲁克被其对手乌尔城征服并遭到洗劫。过去，在灵长类动物统治阶级之间（甚至在采集狩猎时代的人类首领间），暴力冲突常有发生，但流血和伤亡有限；而今，战死或被俘的人口以数千计，且战争丝毫没有停止的迹象。

文字的诞生

乌鲁克因孕育了现存最古老的文字而被冠以殊荣。公元前 3500 年，以木棒刻于泥板上的文字，记述了有关农业生产和饲养牲畜的内容。公元前 3500 年至公元前 2500 年，苏美尔文字以象形文字为起点（在苏美尔语中，字形符号与发音无关），衍生出大量表音符号，以便记录复杂的歌曲、诗歌及历史，并创造出一套数字体系。在全球其他农业国家，文字的出现和发展也经历了相似的演化进程。

文字记录对于集体学习的助益不言而喻。过去，知识以口口相传的方式传递给后代，一旦知识在传递给某代人时中断，就意味着由此失传。但以某些载体保存的文字记录可以悄无声息地走过成百上千年，只待人类发现。相比口头交谈，文字可以传递更为复杂抽象的信息，包括历史事件的细枝末节和数学计算。总而言之，文字记录使采集狩猎时代时常出现的知识失传大为减少。当时限制集体学习的唯一因素在于除抄写员和祭司外，识字人口过少。父母和子女、老师和学徒之间的信息传递仍通过口头和肢体语言完成。

帝国兴衰

位于苏美尔地区北部的城邦国家阿卡德大致于公元前2300年崛起。其君王萨尔贡（Sargon）征服了整个苏美尔地区，占领了整片美索不达米亚，深入黎凡特，登上克里特岛，疆域范围北至安纳托利亚半岛，东至伊拉姆，南抵阿拉伯半岛的最北角。阿卡德帝国吸收了多种多样的文化，在某些占领区，帝国强行要求当地人民使用阿卡德语。但即使庞大如阿卡德帝国，也仅仅延续至约公元前2150年便走向崩塌。

除了阿卡德，还有许多曾盛极一时的帝国也最终没落。

这种能够影响一国盛衰更替的力量称为长周期。大约在公元前2200年，干旱、因过度使用土地导致的土地贫瘠化，以及不可持续的灌溉方式带来的土壤含盐量增加，致使土地的人口承载力显著下降，进而拉开了人口危机的序幕。饥荒时常发生，各个城邦和贵族的反叛更为频繁，阿卡德帝国对美索不达米亚的统治随着帝国版图缩减而逐渐削弱。最终，古蒂人的入侵摧毁了阿卡德帝国。

集体学习、土地承载力和一国的政治社会稳定性相互影响。其中的关键在于，尽管集体学习逐渐提高了土地承载力，人口也随之从公元前3500年的5000万增加到公元1800年的9.54亿，但如此增长的人口时常超出土地能够容纳的人口限度。

农业社会的人口生育率过高，创新无法跟上人口增长的步伐。于是，国家每隔几百年就出现盛衰更替，微观历史事件也深受影响。

盛衰更替模式如下：

1. 扩张期：当社会人口基数较小且处于增长期时，普通人因拥有更加充足的土地和食物以及更高的收入而过着富裕的生活，贵族相当程度上受王权的支配，帝国总体稳定且具备开疆拓土的能力。

2. 饱和期：随着人口数量接近土地承载力水平，普通人不得不为获取生活必需品支付更高的价格。同时，收入下降（甚至没有收入）、租金上涨、农民出售那些无法养活自己的土地。土地和巨额财富掌握在最为富裕的群体手中，且这一群体不断扩大。

3. 危机期： 一旦饥荒、疾病或其他灾难降临并导致人口减少，富人阶层就会失去为其耕种土地的农民和缴纳税收的纳税人，也无法赚取租金，或依靠出售农产品取得收入。

4. 衰退期： 富人阶层开始内部斗争，并掀起大规模的内战和反叛，他们与当权者之间也相互较量。最终结果有三：其一，外敌入侵，改朝换代；其二，随着精英阶层的缩减，国家回归和平稳定，人口继而再度增长；其三，帝国彻底覆灭，地区人口锐减。

集体学习逐渐提升了土地的承载力，但这一“扩容”仍无法赶上人口增长的速度。于是王国或帝国以几百年为周期经历盛衰更替。一些我们所观察到的重大趋势变化正是通过这种方式影响某些小规模的历史事件。

人类与自然界中其他物种的差异也在于此。通常，一旦某一物种数量达到了生态系统容量的上限，下降和衰退便会出现。但由于少数幸存者拥有大量食物，该物种的数量得以快速回升。但人类的情况更为复杂。人口危机发生后，大规模的暴力和内战会使人口低迷持续数十年。

纵观古代社会，这种周期性的趋势重复上演，美索不达米亚文明、古埃及中新王国时代、中国的夏商周三朝均符合这一模式。帝国覆灭之前都经历了人口过饱和、疾病和内战。国家多在外敌入侵之下崩塌，也偶尔沉入短暂无声的

表 9-1　古代社会周期律

阶段	人口	实际收入	精英数量	社会动荡程度
扩张期	增长	高收入，普通人生活水平良好	较少或适中	较低，国家大体稳定
饱和期	增速下降	收入下降，普通人生活水平降低	渐增	动荡升级，多数民众叛乱，但缺乏精英群体的支持
危机期	下降	收入增长，幸存人口（普通人）生活水平降低	精英数量众多，底层人口贫困化	动荡急剧升级，精英群体积怨不满、纷争较量
衰退期	低迷	收入增长，暴力和可能的压迫导致生活水平恶化	持续的政治社会冲突导致精英数量逐渐减少	较高，精英为夺取剩余资源争斗并削弱统治阶级的统治
恢复期（即下一次扩张期）	增长	高收入，普通人生活水平良好	较少或适中	较低，国家大体稳定

“黑暗时代”。

公元前 3000 年至公元 1800 年间，几乎每次内战、国家崩溃、社会繁荣及帝国扩张都与上述模式密不可分。对于那些没有迅速实现工业化的农业国家，这一模式持续的时间还要更长。

农业国家的复杂性

就社会结构的繁复程度（系统内基石、网络和联系的数量与多样性）而言，农业国家见证了复杂性的跨越式发展。不同于由几十个采集狩猎者组成的群落，或由几百个农民结成的早期农业聚落，现在，能容纳成千上万人口的城市出现了。除了务农，人们从事多种多样的工作，即搭建系统的基石更为多样化。在由数百万人组成的国家或帝国内，人与人之间的联系日趋紧密。国家之间贸易合作不断强化，贸易路线逐渐增加。

就能量流而言，复杂性也在增加。早期农业时代，能量大多来自太阳。植物通过光合作用吸收能量，又成为人类和动物的食物。此外，人类也靠动物提供肉食或利用畜力劳作。于是，耕种带来的食物和由此产生的财富供养了农业社会中的非农人口（工匠、抄写员、士兵、商人、厨师、建筑师、国王等）。

来自农业耕作和各类经济活动的能量流大量以租金、进贡和税赋的形式流向国家的最高层，即政府。货币本身也是一种能量流，因为它代表了价值，能够用于购买商品和服务。于是，政府利用种种更为密集的能量流（平均密度达到 10 万尔格 / 克 / 秒）引导国家复杂商业活动的发展。能量流密度空前之高，超过采集狩猎时代、早期农业时代以及宇宙中任何其他事物。

我们可以将农业国家比作一个生命体。为了维系或增加复杂性，生命体寻求食物作为能量来源，农业国家则依靠土地和财富。生命体和农业国家均面临资源的竞争。一旦能量流枯竭，生命体就会衰亡，国家就会覆灭。动物化石、人类骸骨和古文明遗迹在这一点上具有共性。它们昔日的辉煌如今皆已不在。能量流如热力学第二定律所言已从高处流向低处，来到趋于平衡的终局。

农业国家的演进

公元前 3500 年至约公元 1 年，世界人口经历了从 5000 万至 2.5 亿的增长。约 90% 的人口集中在欧亚非大陆，8% 生活在美洲大陆，余下的 2% 生活在澳大拉西亚和太平洋地区。公元前 3500 年，位于美索不达米亚的城邦国家以及埃及王国共占据仅 0.2% 的全球土地。到了东亚、西非和美洲也出现农业国家之时（美洲最晚，约在公元前 1000 年），农业国家占据的土地面积已达到 6%。至公元 1000 年，这一比例增加至 13%。其余大部分土地或是居住着不属于任何一国的农民或采集狩猎者，或仍是荒无人烟。

这一时期，我们可以基于集体学习能力将世界划分为 4 个区域：欧亚非地区、美洲地区、澳大拉西亚地区和太平洋地区。初期，集体学习成果无法跨区域传播，直到大航海时代到来，各区域的集体学习成果才被纳入统一的共享网络下。但美洲内部、澳大拉西亚内部和太平洋地区内部，国家和人口间的信息交换多有发生。尽管欧洲、亚洲和非洲因相隔甚远，信息交流可能跨越数代人，但跨大洲的交流确实存在，我们也因此将三个大洲视为一个整体。

欧亚非地区在集体学习方面最具优势。这首先得益于该地区人口数量最多。以公元前480年的阿契美尼德帝国为例，庞大且不断扩张的帝国拥有约5000万人口，占据世界人口数量的40%。其次，农业和农业国家均最早出现于欧亚非地区。这也解释了为何当时东亚、印度、地中海和西非的人口密度最高。中国历朝历代的更替，波斯、希腊和罗马帝国的盛衰变迁，印度河流域文明与盛产黄金的马里之崛起与衰落，无一不在这片土地上演。

数百万人口聚居于欧亚非地区也意味着疾病的到来和升级。早期农业时代，人们生活在彼此靠近且与牲畜相隔不远的固定居所中，饮用水亦受到污染。相比这一时期，农业国家时代的卫生状况并无明显改进，庞大的人口数量为各种致命疾病的出现提供了条件。农业时代，天花、腺鼠疫和其他各类疾病数次横扫欧亚非大陆。这一区域俨然成为传染病病毒的培养皿。待世界各个区域互联互通之时，来自欧亚非大陆的传染病也将给美洲、澳大拉西亚和太平洋地区带来重创。

约公元前3000年，美洲出现农业耕种；至约公元前1000年，首批农业国家在中美洲诞生。农业在美洲出现的时间略晚于在欧亚非大陆出现的时间，这也是那时美洲人口数量仅占全球8%的原因。大西洋分隔了欧亚非和美洲大陆，人类文明在两块彼此分离的土地上各自演进，并最终产生相当类似的结果。公元500年，美洲特奥蒂华坎古城容纳了接近20万人口，无论以何种现代化之前的标准来衡量，这一数字都相当之高。奥尔梅克人、玛雅人、阿兹特克人和更南部的印加人建立起的农业国家无一不闪耀着进步的文明之光。

农业国家之外

数百年来，北欧大片土地、撒哈拉和阿拉伯沙漠以及中亚平原仍未见国家的踪迹。这些地区或是分布着早期农业聚落，或是属于居无定所的采集狩猎者。一旦农业国家处于长周期的危机期或衰退期，这些内陆地区就会对它们构成相当有力的威胁。在中国，少数游牧民族建立起数个王朝；在欧洲，日耳曼民族也终结了罗马帝国的统治。如此种种，绝非偶然。

非洲中部和南部从撒哈拉到好望角之间的地区一度对农业文明和农耕国家相当抗拒。撒哈拉以南的非洲拥有最适宜采集狩猎的自然环境，当地人对定居农业人口的打击也最为残酷无情，因此在这一地区，农业姗姗来迟。尽管如此，公元前1500年，农业终于传入非洲中部。至公元前500年，农业已进一步深入刚果河流域，并为当地部分文化所接纳。公元300年，农耕方式在非洲南部落脚。待到这一带出现农业国家之时，距离约公元 1500 年的大航海时代到来已经不远。

公元 600 年，北美洲进入早期农业时代，其中尤以位于美国西南部的普韦布洛村落最具代表性。公元 850 年至 1150 年，一个能够容纳 5000 人口的农业国家在查科峡谷拔地而起，极为引人瞩目。生活在今天的北美大平原、加利福尼亚州、美国东海岸和加拿大以外地区的人类，采取农业耕作与采集狩猎相结合的方式，过着半定居生活；也有部分地区的人口仅依靠采集狩猎为生。但随着欧洲人踏上美洲大陆，这些地区接下来很可能见证了多个农业国家的崛起。

在澳大拉西亚地区，当地人并未落入“定居生活的陷阱”，也没有饱受农业社会恶劣的卫生条件的困扰。采集狩猎更有利于健康饮食，加之这一地区的采集狩猎方式相当高效，原住民自然乐于坚守。当地居民用火焚毁森林、留出走道，大火也会杀死猎物，并使可食用植物露出地面。与此同时，燃烧有助于桉树种子发芽，于是桉树林很快便恢复如初。当时那里大致能够供养 50 万 ~100 万的采集狩猎人口，令人称叹。

直到 5000 年前，人类才踏足太平洋地区，而有些岛屿是近 2000 年前才成为人类的居住地的。由于不常吹北风，少有帆船向南航行，因此直到公元 1280 年，人类才登上新西兰。太平洋地区由众多岛屿组成，有些岛上居住着几百人，大一些的岛屿群则可容纳数千人口。例如，夏威夷群岛可供养 3 万人之多，并且当地已有一定程度的动物驯化和引水灌溉，我们由此认为农业已经在当地出现。

丝绸之路

欧亚非大陆见证了多种农业文明的传播，集体学习成果也可能在区域内共享。但这些国家往往相距甚远，且中间阻隔着大面积沙漠或难以深入的森林，艰难跋涉的往来人口冒着途中被俘或被杀的风险。因此，最开始的3000年里，集体学习的传播非常有限。直到公元前50年，一条横贯欧亚非大陆的贸易路线打通了。通过丝绸之路，来自中国的商品和信息慢慢进入印度、波斯、地中海，再经由撒哈拉贸易之路到达西非。

但丝绸之路传递的不仅是丝绸、香料或其他可贸易商品。宗教、发明、数学都在传播之列。例如，公元400年，印度人发明了数字，随着伊斯兰民族入侵印度，数字也传往阿拉伯（因此后世误作“阿拉伯数字”），并在中世纪时期进入欧洲，后又取代了烦琐的罗马计数体系。

中国因人口众多并且盛产华贵的商品和香料，一度成为丝绸之路沿线贸易活动的中心。来自中国的商品断断续续传入中亚（通常由游牧人口运送，且需要几代人的参与），最终涌向中东和地中海市场。同时，来自西方诸国的葡萄、制成品和马匹也被运往东方。但人口众多的亚洲多出现贸易顺差。

陆上丝绸之路是一条艰难的旅程。人们从地中海东部港口出发，先穿过砂石遍地的美索不达米亚和波斯，再翻越重重高山，途经数片沙漠，最终来到印度和中国。贯穿中亚的路线意味着艰苦的通行条件，以及冒着碰上游牧人口或帝国军队交战的风险，过路者可能被抢或被杀。另一方面，海上丝绸之路沿红海先至阿克苏姆（公元前最后1000年里兴起的国家，人口稀少，国家富裕，是一支相当重要的商业力量），又向东途经印度众多港口之一，再继续延伸直到印度尼西亚和中国南部。伊斯兰教正是经由海上丝绸之路，从印度传往马来半岛和印度尼西亚的。

公元1000年，欧亚非大陆居住着约3亿人口。集体学习成果正是沿着贯通这块超级大陆的路线在数百个不同的农业国家间传播。贸易往来很少仅凭一人之力将货物从丝绸之路的一端运往另一端。商品和信息的传递可能需要数年、甚至数代人跨越欧亚非大陆才能完成。无论如何，丝绸之路仍然缓缓拉开革命的序幕。生活在当时的人们并不会注意到，丝绸之路将很快为人类史带来巨大改变。

印刷术的演进史

进入现代社会前，文字知识发展的最大阻碍是传播问题。这一时期，集体学习仍以口口相传为主，这种方式速度缓慢且容易出错。只有抄写员、官员、哲学家和精英具备读写能力，书籍稀少且贵重，但印刷术的出现将改变这一切。

中国的东汉末年（约 172 年），摹印和拓印技术出现了。约 600 年，雕版印刷术产生。工匠需要将每一页文字刻在木版上，因此效率有限。木版极为笨重且不易储存和运输，内容一旦变动，就意味着要从头开始。1041 年至 1048 年，毕昇发明了泥活字，文字被刻于胶泥毛坯之上，这些泥活字通过重新排列可以组合成句，再印于纸上。于是，国家得以定期印刷大量的哲学、科学和农业著作，有些作品的发行量达数千册。

12 世纪，中国发明了金属活字。这种活字的优点是更小巧耐用且易于排版，并最终提高了印刷效率。金属活字印刷术并不使用印刷机，仅将薄纸覆在上墨的字模上，用一种小木铲按压擦拭。这一过程速度极为缓慢。但无论如何，中国雕版印刷术和金属活字印刷术（辅以擦拭的木铲）发明后，早期印刷工具使载有文字知识的书籍印刷数量和印刷速度超过手工抄写，发行量随之增加，各类知识也可以为任何具有读写能力的人所获取。值得注意的是，在东亚，速度更慢的雕版印刷于 19 世纪前仍占主导地位，集体学习因书籍发行量有限也受到限制。

约 1450 年，欧洲发明了古登堡印刷机。它结合金属活字（经丝绸之路从东方传入）和葡萄酒压榨机（酒精的众多正面用途之一），实现了快速排版付印，堪称革命性突破。15 世纪 60 年代，通过使用古登堡印刷机，3 人可在 100 天内印刷 200 本书，相当于中世纪 3 个抄写员 30 年的工作量。6 世纪，本笃会修道院规定其藏书量不应少于约 55 册。15 世纪中期，西方最大的图书馆梵蒂冈图书馆藏书约 2000 册。但获取如此多的书籍对于 17 和 18 世纪排名中等的私人学者来说却并非难事。

1450 年至 1500 年的 50 年间，据估计欧洲共印刷 800 万册书籍，很可能超过自公元 500 年来欧洲手抄书籍的总数。1500 年至 1600 年间，欧洲共印刷 1.4 亿 ~2 亿册书籍。书本的普及极大促进了欧洲集体学习的发展，从而推动了文艺复兴和宗教改革的传播，并引发了科学革命。

更丰富的信息、更密切的联系以及逐渐提高的识字率，意味着人类距离复杂性再度爆发式增长已经不远。

十　走向统一

欧亚非大陆的影响力开始深入其他地区。中国曾几乎发生工业革命。欧亚非地区疾病多发，其中一场大流行夺去了数百万生命。土耳其无意之中引起了复杂性的升级。奴隶制仍在继续。人类为复杂性的提升付出了切实的代价，但复杂性的提升也将服务于人类。

1200 年，世界人口约有 4 亿，但这一数字也随长周期起伏，经历了低谷和衰退期。例如，公元 1 年，全球大约 2.5 亿人；但随着罗马帝国、中国汉朝以及无数其他农业国家的没落和倾覆，到了 600 年，世界人口减少到 2 亿。至 1200 年，世界人口数量恢复并远超过去，达到前所未有之高。

陆上和海上丝绸之路将欧亚非大陆连接在一起，构成一个相当宏大的集体学习网络。思想和创新在网络内实现共享，可怕的疾病也在区域内扩散。另外三个世界区域——美洲、澳大拉西亚和太平洋则尚未被纳入这一网络实现集体学习的加速发展。世界四大区域统一于共同的集体学习网络之下，并能够在提升复杂性的同时，调动全球人口的创新能力，推动人类走向现代世界。

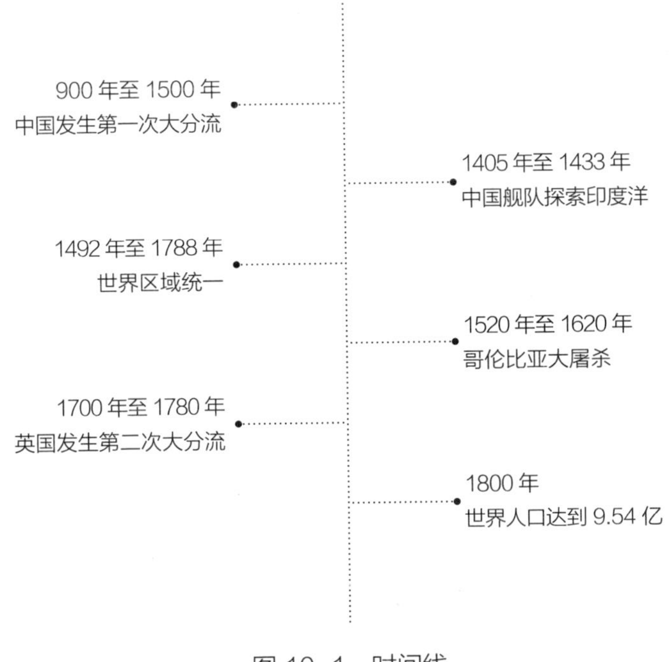

图 10-1　时间线

中世纪：全球化的起源

农业国家的绝大部分财富（即能量流）依靠农业积累。地主或在粮食收成中享有一定份额，或可收取租金，而中央政府则依靠税赋和朝贡积累财富。但丝绸之路使这一情况发生了改变。商人开始赚取更多收益，也产生了更大的影响力。意大利的古代商业国家威尼斯、热那亚和佛罗伦萨尽管规模有限，却成为欧洲最富有的地区。古代锡兰和南印度的泰米尔国及香料商人也收获颇丰。繁荣的香料贸易同样给印度尼西亚的斯里维加亚王国带来源源不断的财富和国家实力的壮大。这些小国均凭借商业积累了巨额财富，并在很多方面超越了那些规模相同却以土地税收为财政来源的国家。

11 世纪，随着十字军东征的开始，欧洲与中东的联系愈加密切。维京人曾短暂地登陆北美洲。1271 年，马可 · 波罗（Marco Polo）穿过中亚，历尽艰险抵达中国。1300 年，马可 · 波罗发表游记，其对东亚国家富庶程度的记述令欧洲社会深受震撼，并激发了欧洲商人与东亚进行贸易的积极性。

欧洲人与中国开展贸易的理由尤其充分。“丝绸之路”沿线并不存在平等的利益。欧洲和非洲商人渴望打通亚洲市场，从而获取他们无法生产的丝绸、香料、陶器等商品。由于中东位于通往东方的唯一贸易路线上（那时尚未有人从非洲好望角绕道东行），中东地区的阿拉伯商人成为贩卖中国商品和印度香料的贸易中间人，从中赚取大量收益。这时的中国因盛产那些最受欢迎的商品而在整个贸易网络中占据主导地位。正如经济富裕、技术先进的西方国家推动了现代全球化进程，古代中国也因领先的经济实力和技术水平成为中世纪全球化之初的重要推动力量。

第一次大分流

早在19世纪西方实现经济和技术领先于世界其他国家之前，中国已经在经济和技术上领先于全球几百年，以至于它本可以发生一场工业革命。中国古代的高度发达完全依赖于其强大的集体学习能力。因为中国拥有数量庞大的潜在创新者，每个人都可能在一生中提出某种创新。人口基数越大，每一代人也就越能反复抛起创新的骰子。

500年至1100年，随着水稻在中国南方的普及，土地的人口承载力急剧提升。相比1公顷小麦能养活3口人，1公顷传统品种的水稻已经能养活约6口人。至宋代（960年至1279年），因朝廷从越南引进了更为高产的水稻品种，水稻产量得以进一步增加。同时，朝廷在各地任命农师指导农业生产，普及新型农业技术、新型农具知识、肥料以及灌溉方法。朝廷也对新开垦的土地予以减税，并向农民提供低息贷款，供其投资于新农具以及农作物。为提高农作物产量，朝廷印制了3000份《农桑辑要》并分发给土地所有者，促进了水稻一年两熟或三熟的实现。

10世纪至11世纪，宋朝时期的土地承载力从能够供养5000万~6000万人增长至供养1.1亿~1.2亿人（在全球总人口中占近半数）。据记载，当时宋朝的人口密度相当之高，相当于500万人耕种一块80千米长、65千米宽的土地。至1100年，欧洲的人口数量占全球总人口的10%~12%，而中国已经占据 30%~40% 之多。

集体学习突飞猛进。例如，宋朝时期，随着每年朝廷的铸币和流通中的硬币数量越来越多，人们发明了纸币。耕种技术也有所提高——粪肥更加普遍，人们培育出新品种，水利和灌溉技术不断改进，并且农作物种植也更为专业化。人们使用煤炭冶铁（英国也采用相同的冶炼方式，冶铁促进了国家的早期工业化），唐朝时期（618 年至 907 年）铁的年产量仅为 19 000 吨，至宋朝已经增加到 113 000 吨。宋朝率先发明并利用火药。此外，丝绸的机械化生产萌芽初现。

不妨设想，如果工业革命发生在中国，现代历史将如何改写呢？显然社会政治格局的演变将大为不同：美国和澳大利亚海岸停靠着中国船只；来自欧亚非大陆的疾病也会无意间流入这些地区；欧洲不再通过帝国主义扩张获益，反而沦为时代的牺牲品。

黑死病和长周期

得益于集体学习、农业创新和垦荒带来的耕地增加，世界人口从 1100 年的 3 亿人激增至 1200 年的 4 亿人。普通人的生活欣欣向荣——租金不高，收入尚可，可以定期摄入肉食，而且，按照现代社会前的标准来看，人们的身体非常健壮。相比于更早期和后来的工业时代，农业文明相当稳定（至少内部如此）。

然而，农业创新逐渐落后于人口增长。1200年至1300年间，人口仅增加至4.32亿，开始进入饱和期。农民的生活水平下降——肉食减少，收入降低，租金增加并被迫出售仅有的小块耕地。同时，精英阶层建起大片庄园，人数也增长了数倍。

据估计，1315年至1317年，约有15%的欧洲人死于大饥荒。1333年至1337年，中国也深受其害，死亡人数与欧洲接近。普通人的数量越来越少，无法继续为精英阶层提供收益，精英的收入也随之降低，有些甚至返贫。世界各地政治动荡，精英阶层的叛乱、刺杀及宫廷政变愈发频繁。

但厄运还不止如此。丝绸之路为黑死病的传播提供了条件。这种致死率极高的疾病由鼠疫杆菌引起。病菌寄生于跳蚤身上，并经过老鼠进一步扩散。患者腹股沟淋巴结肿大，触碰时痛感强烈。由于细菌能进入血液，患者会出现发热、虚弱、精神错乱、头痛、吐血的症状；其皮肤和内脏最终坏死，继而呈现黑色、引起坏疽。患者通常1周至10天内死亡，死亡率约为80%。一旦腺鼠疫发展到肺部，死亡率则高达90%~95%，且患者常在感染后2~3小时内死亡。

黑死病沿着丝绸之路向东、西方扩散。14世纪40年代，黑死病曾在中国零星暴发，但到了1353年至1354年，黑死病则严重得多，成为席卷全国的大流行病。人口数量下降，精英阶层混战，国家走向崩溃，最终在1368年，元朝的统治被明朝取而代之。受瘟疫和衰退期的影响，中国人口从

1200 年的 1.2 亿 ~1.4 亿人减少至 1393 年的 6500 万人。

1335 年，黑死病经由中亚扩散到波斯，波斯 30%~50% 的人因此丧命。自蒙古帝国 1256 年至 1259 年分裂以来，长期统治伊尔汗国的统治者也死于黑死病。可汗死后，伊尔汗国四分五裂，形成几个相互对立的政权。1338 年至 1344 年，黑死病顺着金帐汗国的贸易路线继续向北蔓延，致使 30%~70% 的当地人死亡。

1344 年，已经感染黑死病的金帐汗国军队围困贸易港口卡法（位于克里米亚半岛的热那亚殖民地）。金帐汗国的士兵将感染疫病的尸体置于弩上并抛入卡法城中，这也是人类史上第一次有记载的生物战争。

就这样，黑死病随着热那亚商船向地中海地区扩散。1347 年，瘟疫蔓延到君士坦丁堡，又沿着陆路席卷安纳托利亚，并于 1348 年直抵大马士革，造成当地每天约 2000 人死亡。同年，黑死病侵入埃及，据估计，开罗一半人口因患病而死。与此同时，随着伊斯兰教徒前往麦加朝圣，黑死病也随之传播到中东，并于 1349 年流入麦加。

让我们再次回到 1347 年。热那亚的贸易商来到希腊、西西里岛、撒丁岛、科西嘉岛及马赛，并于次年进入英格兰、爱尔兰及法国北部。1349 年，黑死病迅速经西班牙南部蔓延至摩洛哥。同时，载有感染疫病患者的船只也驶入挪威的卑尔根。1350 年，从英格兰到苏格兰，从挪威到瑞典，从法国到神圣罗马帝国，黑死病肆虐欧洲。波兰和俄罗斯分

图 10-2 治疗黑死病的医生

别于 1351 年和 1353 年遭到黑死病的侵袭。逃过一劫的只有寒冷的北欧小国芬兰。

1300 年，世界拥有 4.32 亿人口。至 1400 年，饥荒、瘟疫以及紧随人口下降而来的频繁的政治动荡导致全球人口减少至 3.5 亿。

颇为有趣的一点是，人口锐减也改善了普通人的生活状况。劳动力短缺意味着更高的收入；大量因人口死亡而空余的土地意味着租金下降，农场也得以维持经营；食物因消费者减少变得更加便宜。农民甚至可能拥有所谓的“可支配收入”来购买一些不太昂贵的奢侈品。欧亚非大陆上，普通人享受着高质量生活，其“实际工资”达到工业革命前的顶峰。

中国的探险时代

黑死病过后，奥斯曼土耳其帝国封闭了其境内“陆上丝绸之路”的大部分通道。贸易网络由此中断，位于欧亚非超级大陆两端的国家将目光转向海洋。

1403 年，中国明朝开始打造一支由战船和商船组成的庞大舰队，规模空前，远超其他国家。中国的海上探险舰队包括 317 条船，有些船约有 12 米高，建有三到四层甲板。同行的人员多达 28 000 人。

1405 年以来，明朝数次进行海上探险。舰队数次绕过东南亚到达印度，也深入东南亚并与印度尼西亚开展贸易，并几次登陆阿拉伯和东非。这样的探险之旅前后共计 7 次。

1433 年，中国舰队结束最后一次海上探险后回到国内。自此，拥有丰富的自然资源和大量昂贵商品的强大中国转而闭起了国门。如果中国的远洋之旅继续，舰队或许会绕过非洲最南端，甚至直接与欧洲进行贸易。他们也可能顺着印度尼西亚继续向南来到澳大利亚，甚至穿越太平洋直到美洲。

欧洲的探险时代

相比黑死病暴发之前，15 世纪的欧洲国家无法通过对农业人口征税获取同样多的收益，各国开始更加倚重商人和商业。企图征服欧洲的奥斯曼土耳其帝国仍未恢复丝绸之路沿线的大部分贸易活动，欧洲人只得退守西方。

至 15 世纪 20 年代，葡萄牙人和西班牙人登上加那利群岛、马德拉群岛和亚速尔群岛，并沿着看似永无尽头的非洲大陆行至相当远处。15 世纪 40 年代至 50 年代，葡萄牙与马里帝国进行大量贸易，其中既包括胡椒、象牙和黄金等商品贸易，也包括非洲奴隶贸易。1488 年，巴尔托洛梅乌·迪亚士（Bartolomeu Dias）到达非洲南端的好望角。1498 年，瓦斯科·达·伽马（Vasco da Gama）环绕非洲，抵达印度，并带回大量印度香料。由于绕过了奥斯曼土耳其帝国，他能够以地中海东岸商路 5% 的价格来购买货物。

然而，环绕非洲航行的商船经过赤道时会遭遇“无风带”。商船在无风带内大面积海域常因风力太弱而不易航行，也时常遇到危险的暴雨天气。

于是，欧洲开始寻求新航线。1492 年，西班牙国王斐迪南一世和伊莎贝拉二世任命热那亚探险家克里斯托弗·哥伦布带队远航。不过，这时他们对约 500 年前维京人曾登上美洲知之甚少。8 月，哥伦布从西班牙出发向西航行，并于 10 月到达巴哈马群岛，之后又登上古巴和伊斯帕尼奥拉岛。哥伦布强制奴役原住民，迫使一些人沦为性奴隶，并残害违抗命令者。加之欧洲疾病的传入，岛上人口逐渐所剩无几。哥伦布直到临死前仍坚信，他所发现的新大陆正是亚洲。

1519年，西班牙君主任命葡萄牙探险家斐迪南·麦哲伦带领5艘船出发，向美洲大陆南部航行并驶入太平洋。麦哲伦一路穿越浩瀚的太平洋，终至菲律宾，然而于1521年在菲律宾被杀。他所带领的5艘船中仅有一艘于1522年在胡安·塞巴斯蒂安·德·埃尔卡诺（Juan Sebastian de Elcane）的指挥下返回西班牙，后者也因此成为历史上首个完成环球航行的航海家。

16世纪见证了欧洲殖民商人前往亚洲与美洲探险的爆炸式增长。国家、私人投资者和个人无一不在谋求巨额财富。西班牙哈布斯堡王朝在这些贸易网络中占据主导地位，并在南美洲和中美洲一些矿产资源最为丰富的地区建立殖民地。英国、法国、荷兰也是这一时期殖民活动的重要力量，苏格兰也曾尝试建立殖民统治。欧洲中部和东部的国家则由于当地的战争和地理条件限制，大多错过了大航海时代。

1519年至1521年，埃尔南·科尔特斯（Hernán Cortés）率领几百西班牙人踏上征服中美洲阿兹特克帝国之路，与他们同行的还有火药武器与各种各样的疾病。大量阿兹特克人因患病而死，加之科尔特斯与阿兹特克帝国在当地的各方敌对势力结盟，墨西哥在短短几年内便完全落入西班牙之手。1532年，弗朗西斯科·皮萨罗（Francisco Pizarro）也带着火药武器和欧洲疾病率侵略者踏上征服南美洲的印加帝国之路。但印加帝国大面积土地地势崎岖，西班牙侵略者在经历漫长而艰辛的歼灭战后，直到1572年才彻底征服印加帝国。

奴隶贸易

欧洲人意外发现，加勒比海地区和南美洲的气候条件非常适宜种植糖料作物。但问题在于，当地并没有充足的劳动力能够投入到艰辛的农业种植中来。欧洲的底层人口并不是解决这一问题的答案，只有被运往美洲的契约仆人可能被迫从事这一工作。但随着契约到期，他们很快便离开了。于是愿意投身种植业的人手显然不足。西班牙人和葡萄牙人最初尝试强迫美洲原住民从事种植工作，但他们熟悉乡间地形，经常逃回同伴身边。没有逃跑的原住民也常因感染来自欧亚非大陆的疾病而死。因此，葡萄牙人最终依靠半个世纪前在非洲取得的控制权，通过奴隶贸易为南美洲提供劳动力。

自 5500 年前农业国家诞生以来，奴隶制就已经存在。欧洲、非洲和亚洲都有奴隶制的身影。古代中国人、朝鲜人及印度人都曾拥有奴隶，阿兹特克人和印加人也不例外。在整个农业时代约 550 亿的总人口中，据估计有 30 亿 ~100 亿人沦为奴隶。

欧洲对奴隶制也并不陌生。古代罗马人遍布地中海地区的种植园就由数以百万计的奴隶耕种。中世纪时期，奴隶和农奴的界限逐渐模糊，奴隶的处境相对好转，但并未大幅改善。事实上，农奴制不过是更古老的奴隶制在中世纪早期的变式。“农奴制”（serfdom）一词本身源自拉丁语 servus，即包含奴隶之意。欧洲东部的俄罗斯直到1861年才废除农奴制。

至15世纪，西非伊斯兰国家的跨撒哈拉奴隶贸易已经有几百年的历史。11世纪以来，随着伊斯兰国家俘虏和奴役的欧洲人慢慢减少，各国对非洲奴隶的需求开始增加。非洲人主要以战争俘虏为奴（负债或出生在奴隶家庭也意味着奴隶身份），这些奴隶或归奴隶主所有，或沿着丝绸之路被贩卖。15世纪40年代，葡萄牙与西非各国的统治者建立贸易关系，奴隶贸易也成为其中一部分。

图10-3　非洲奴隶贸易

恶劣的运输条件致使10%~20%的非洲奴隶在横渡大西洋的途中死亡。被贩卖或被俘的奴隶如踏上横跨撒哈拉沙漠步行向东的路线，其死亡率则高达25%~50%。总的来说，仅仅400年里，1100万~1400万的非洲奴隶被运往大西洋西岸；1100年来，1000万~1700万的奴隶被迫向东穿越撒哈拉沙漠。非洲的农业国家中，奴隶人口平均占比达5%~15%。

农业国家大多都伴随着奴隶制度，少有例外。对于世界各地披枷带锁的奴隶而言，5000 年的农业历史写满罪恶。

葡萄牙主导了 45% 的跨大西洋奴隶贸易。这条贸易路线上，35% 的奴隶最终被运往葡萄牙的殖民地巴西，巴西也是最晚一批废除奴隶制的国家之一（1888 年）。西班牙主导了大约 15% 的奴隶贸易，这些奴隶被运往南美洲和受西班牙控制的加勒比海岛屿。西班牙也更为坚决地奴役美洲原住民，尤其是迫使其从事采矿工作。法国将 10% 的非洲奴隶运往其在加勒比海地区的属地，奴隶多在种植园劳作。荷兰的奴隶贸易与法国相似，在奴隶贸易总人口中占据 5% 的比例。

17 和 18 世纪，被迫在种植园劳作的奴隶，其耕种范围从糖类扩大到烟草（另一种极易成瘾的商品）以及用于纺织的棉花。于是英国的 13 个北美殖民地中，位于南部的半数殖民地也产生了使用奴隶从事农业种植的需求。英国将 15% 的奴隶运往其在加勒比海地区的种植园，又将 10% 的奴隶强制运往后来的美国。总的来说，英国在大西洋奴隶贸易中共占 25% 的比例。

16 世纪，据估计有 40 万 ~50 万的非洲人被欧洲国家奴役，占非洲人口的 1%。17 世纪，这一数字增加到 100 万 ~150 万，占总人口的 2.5%。18 世纪，欧洲国家贩卖了 500 万 ~800 万的非洲奴隶，并将他们捆绑后塞进条件极其恶劣的船舱里运往美洲。

18 世纪糟糕的社会环境最终引发了英国的废奴运动。长达 30 年的公众运动和议会运动导致英国于 1807 年取缔了奴隶贸易，自此，贩卖和运输奴隶不再具备合法性。英国海军也积极阻止其他国家运送非洲奴隶。尽管如此，19 世纪，其他未废止奴隶制的大西洋沿岸国家仍从非洲带离了 300 万 ~400 万奴隶，占非洲总人口的 4%~5%。大英帝国于 1833 年废除了奴隶制。随后，或是通过残酷的内部战争，或是经由骇人的暴力革命，抑或通过和平立法，大西洋沿岸各国在接下来的几十年里也纷纷废除了奴隶制。

在非洲内部，尤其是在那些以宗教和种族为由为奴隶贸易开脱的北非国家，奴隶制仍未告终。19 世纪末，欧洲的帝国主义扩张和介入试图消灭非洲的奴隶制，但进展缓慢且成效甚微。在一些情况下，欧洲反而延长了非洲内部的奴隶制。

生态全球化

欧洲人将他们驯化的每种家畜都带到了美洲和澳大拉西亚，构成了殖民地生产生活的重要组成部分。人们大量饲养牛羊，于是它们很快便成为世界各地最为普遍的一类哺乳动物。至 1600 年，美洲的牛羊数量达到 2000 万只。

12 000 年前，人类初到美洲之时，曾大量猎杀野马直到它们灭绝。随着欧洲人登上美洲大陆，他们再度引进马匹。

原住民拥有马匹后，北美大平原的生活方式发生剧变。已有数千年历史的农业文明开始转型，人们又一次过上采集狩猎的游牧生活。马匹引进美洲前，原住民为捕杀野牛，常藏于动物皮毛之下，沿着地面匍匐前进靠近野牛群。待足够近时，原住民便赶在牛群惊慌逃窜前刺向其中的一头野牛。有了马匹后，原住民可以骑马与野牛同奔，并在追逐中发起攻击，或是将野牛赶下峭壁边缘。至 19 世纪，大平原地区将马匹作为生活的重要角色已有 300 年之久。一些美洲原住民记述称，当地人长期饲养马匹，马匹已经成为其生活方式的一部分。

新世界的农作物也反过来影响了欧亚非大陆。例如，相比小麦，每平方千米玉米能够提供的热量更高，仅次于水稻。土豆也是一种优良作物——不仅能提供高热量，生长时还可滋养土壤。玉米和土豆也比水稻和小麦更易制作和烹饪。此外，番茄、山药和南瓜这类高产作物也从美洲传向世界。欧洲种植美洲农作物的地区，其土地的人口承载力增加了 20%~30%。17 世纪 30 年代，中国爆发大规模饥荒，但美洲农作物的传入缓解了中国的粮食短缺，下一次饥荒因而推迟至 19 世纪。而在这期间，中国人口从 1.5 亿增长到 3.3 亿。

然而，疾病给美洲和澳大拉西亚地区的原住民带来沉重打击。此前数千年，欧亚非大陆居住着全球 90% 的人口。多数人生活在人口密度很高的农业国家，显然他们当时还不具备卫生和细菌方面基础性的知识理论。欧亚非大陆的居民经过几百代人的进化，对这些疾病天然具有抵抗力，但美洲和澳大利亚的居民则不然。天花、伤寒、霍乱、麻疹、肺结核、百日咳，以及各种各样的流感随欧洲殖民者传入当地。这些疾病不仅对欧洲人来说是致命的，对于毫无抵抗力的原住民的杀伤力更是强大得多。

据估计，1500 年至 1620 年，源自欧亚非大陆的疾病致使 90% 的美洲人死亡。欧洲人的到来意味着仅仅 100 年内，全球 5 亿 ~5.8 亿人口中约有 5000 万人丧生。至 1620 年，南北美洲的原住民仅余 500 万人。人类文明遭受空前绝后的重创。整个 19 世纪，来自欧亚非大陆的疾病持续在美洲肆虐，直到 20 世纪仍未平息。

1788 年至 1900 年，源自欧亚非大陆的各类疾病致使至少 73.75% 的澳大利亚原住民死亡。今天，多数学者认为澳大利亚在殖民者到来前约有 80 万人口。1850 年，其人口减少至 20 万。1900 年，澳大利亚原住民仅余 9 万人。根据巴特林（Butlin）的计算，因欧洲殖民者的耕地扩张而饿死的原住民人数上限是 10 万人。雷诺兹（Reynolds）估算了原住民因抵抗欧洲殖民者（死亡人数确有记载）而死于边境暴力冲突的人口数量（死亡人数未有记载）。结合以上数据，我们得出结论：一个多世纪以来，73.75% 的澳大利亚人因患病而死，12.5% 的人因饥饿而死，2.5% 的人死于边境暴力冲突。

试想如果全球 80 亿人在一个世纪内不断死亡，最终仅余 8 亿人是何情形？再试想，如果灾难离你不远，你的国家人口减少了 90% 又当如何？这就是世界各区域统一的代价。

尽管美洲农作物的传入增加了欧洲和亚洲的土地人口承载力，促进了当地人口的迅速增长，但美洲和澳大拉西亚地区的人口却以噩梦般的速度下降。即使此时此刻，我也很难想象疾病带来的巨大破坏力和沉重苦难。

人类世将至

让我们回首复杂性至今为止的演进史：宇宙大爆炸和恒星爆发有如星火燎原；地球历经水深火热初具雏形；物种在流血中演进；灵长类动物争斗厮杀；农业时代面临贫困与疾病，直到今天。“进步”从来都不是“复杂”的同义词。我们付出了沉痛的代价才得以在今天享受舒适便利的生活，而这一代价大多数人几乎无法细思。

宇宙中，热力学第二定律无处不在，复杂性正是在这样的环境下变迁。复杂性每迈向一个新的层级都带来了破坏，一旦这种破坏能够为主体所察觉，痛苦也就随之而来。关于今天的一切都无法预先确定。空调和苹果手机的出现并不是历史惯常的走向。人类经历了在无知中的挣扎才走到今天，并且这种挣扎仍在持续。但人们比过去更具预见性。

历史迷人的一面就在于，复杂性的每一次提高都意味着人类最终战胜热力学第二定律的可能性随之增加，人类也更有可能卸下背负了 138 亿年之久的自然约束的重担。

十一 人类世

英国开始燃烧煤炭为蒸汽机提供动力。大规模生产促进了经济效益型科学创新的大量涌现。各国奋起直追英国工业革命的脚步。世界进入全新的地质时代——人类世。

伴随着工业革命的到来，复杂性再次显著提升，并开启了社会现代化的重大转型。现代化意味着新型技术和思想学说如寒武纪生命大爆发般不断涌现，也意味着地球上每个人生活方式的彻底改变。有关人类世如何开启一个全新的地质时代暂且不言。但相比过去38亿年里的任何物种，进入人类世后，人们正以前所未有的速度和影响力影响地球。人类世紧随全新世（始于末次冰期结束）而来，而“人类世（Anthropocene）”本身正源于希腊语中的“人类（anthropos）”一词。

纵观已知宇宙的历史，今天社会的复杂性已经达到空前高度。就社会结构的繁复程度而言，一体化的现代全球体系由前所未有之多的人口构成（本书写作时全球有 79 亿人），每个人都是集体学习体系内的潜在创新者。即时通信、运输和空前的文化程度使人们的思想彼此交融。当今的知识网络涵盖极为复杂的贸易网络、供应网络、法律网络和能量生产网络，并由前所未有之多样化的劳动力组成。就能量流而言，社会的自由能量密度从农业时代的平均 10 万尔格 / 克 / 秒增加到 19 世纪工业时代的 50 万尔格 / 克 / 秒，并再度增加到今天发达国家的 200 万尔格 / 克 / 秒。

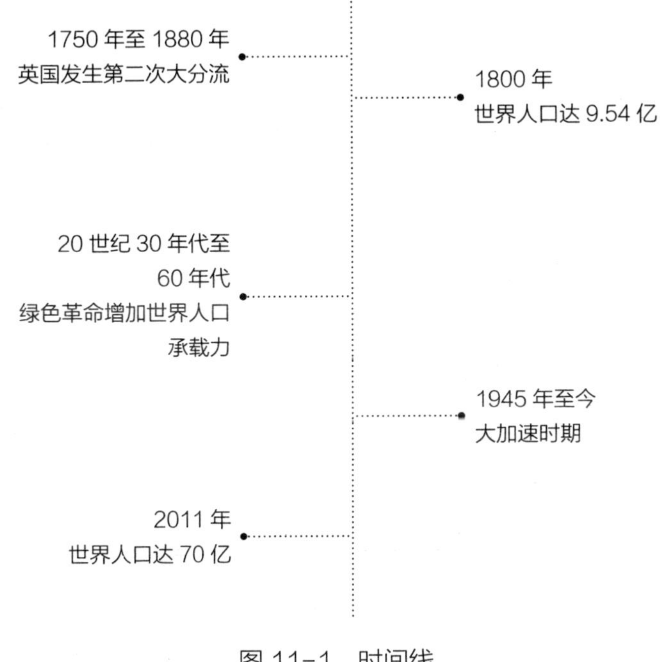

图 11-1　时间线

第二次大分流

工业革命的第一个关键要素在于使用化石燃料进行工业生产。化石燃料包括煤炭、石油和天然气。之所以称为化石燃料，是因为它们确实来自 6 亿年至 1000 万年前的古生物遗迹。煤炭的前身是 3.5 亿年前倒地的参天大树。树木经板块运动被挤压成岩层中坚硬、厚实的煤层。煤炭燃烧所释放的能量来自数十亿株植物。因此化石燃料经机器的转化，其能量产出远超人力、畜力或燃烧木头所得。于是，化石燃料成为 18、19 世纪工业革命的一大驱动力，并仍在持续为今天的人类能量网络提供动力。

与煤炭类似，石油来自数亿年前死亡的单细胞或多细胞生物。生物尸骸在板块运动的压力下形成沉淀物。天然气则是石油形成过程中的副产品，即压力迫使有机体内残存的气体与有机体分离，从而形成天然气。

工业革命始于 18 世纪的英国。1712 年至 1775 年，蒸汽机的不断改进，相比手织更为高效的纺织机的出现，以及高纯度铁的大量生产，共同刺激了工业革命之初的大规模生产。英国纺织工业的发展导致 1750 年至 1800 年棉织物价格减半。1820 年，英国的钢铁产量领先世界。从 1750 年至 1870 年，煤炭产量增加了 6 倍。1800 年，英国的制造业占比已经高出全球其他农业国家 3 倍。尽管人口有限，但英国经过工业革命成为当时世界上最为富有的国家。

农业在英国不再占据主导地位。1750年，近一半的英国经济都建立在商业基础上。从1750年至1850年，英国农民在总人口中的占比从60%下降至30%。19世纪，劳动力群体更为多样化，英国出现了工程师、律师、科学家、企业家等专业人才，他们以空前的力度促进了集体学习。于是，创新进一步爆炸式增长。类似的现象在所有工业化国家纷纷出现。

世界各国与英国的差距不断拉大，这一情形持续至约1880年。尽管英国人口不多（1880年时占全球总人口的2%~2.5%），但其制成品在全球市场的占比达到23%。同年，中国的人口数量占全球的30%，但其制成品的产量仅占全球总量的12%；而在1800年时，中国制成品的全球占比则为33%，大致符合中国作为一个农业国家的人口规模。

奋起直追

英国的工业化至少领先世界数十年，甚至早于一些国家一百年之久。工业化以来，英国得以在拿破仑战争中对抗拿破仑及其盟友的扩张，在1812年战争中与美国相抗衡，并在1840年至1842年的鸦片战争中战胜一度强大的中国，逐渐成为人类史上的一大霸主。

随着工业革命的优势愈加明显，其他国家纷纷效仿。19世纪20及30年代，比利时开始工业化。19世纪40年代，法国开始进行工业化，但却并未完全取得成功，相比1880

年英国制成品在全球市场23%的占比，法国仅占8%。不过后来法国也算迎头赶上。19世纪50年代，普鲁士开始工业化，但德意志其他邦国却落后一步，直到1871年德意志帝国统一，各州才奋起直追工业化的步伐。20世纪的第二、第三个十年，德国的工业生产能力超过英国。德国两次发动世界战争与自身强大的工业水平不无关系。

就工业产量而言，美国是第一个显著超越英国的大国。1865年，美国内战结束后，美国一方面投资于西部移民，另一方面投资于北部的重工业建设，同时大量移民迁往美国。1880年，美国人口增加至5000万（超过英国），其制成品的产量占全球总产量的15%。1900年，美国人口增至7600万，制成品产量占全球的25%~30%。英国稍显逊色，美国从此领先世界并日渐强大。

进入现代社会后，构成超级大国的必备条件显而易见：在全面实现工业化成为发达国家的前提下，拥有尽可能庞大的人口规模。这也解释了为什么今天共计15亿人口的部分国家主导了另外65亿人口的发展，以及为何中国和印度持续致力于工业化。试想今天拥有14亿人口的中国如与拥有3.3亿人口的美国的工业化程度相当，将是何种情形。

在东方，两个较早完成工业化的国家同样试图迎头赶上，持续在全球舞台上扮演重要角色。19世纪，俄罗斯曾做出工业化的尝试。然而，尽管至1900年时俄罗斯拥有1.36亿人口，但其工业人口比重仅占5%，工业产量仅占全球总产量的

8.9%。俄罗斯更高程度的工业化实际上是通过第一次世界大战、苏联的崛起以及斯大林的铁腕手段来实现的。但即使那时，俄罗斯的制成品在全球市场上的占比也仅略微增加。

日本的工业化则更为成功。1868 年明治维新后，日本快速踏上现代化和工业化道路。日本政府引进西方专家，赋予宪法强烈的西方色彩，并对工厂化生产不遗余力地提供补贴。于是，日本在短短半个世纪内实现了从封建社会向现代社会的转型。尽管日本因人口规模庞大而具备成为工业大国的前提，但 1900 年，日本的工业产出仅占全球的 2.5%，并且这一比例在第二次世界大战结束前并未显著提升。第二次世界大战后，日本的“经济奇迹”为大量已完成工业化的人口创造了巨额财富，直到今天日本仍是世界上仅次于美国和中国的第三大经济体。

世界各大区域的统一、化石燃料的强大动力以及各国贸易与科学发展的不平衡，促使那些更庞大的帝国比过去更紧密地联合起来。大片土地和全球主要人口因此受制于相对少数人，即受到欧洲、美国和日本军事力量的控制。1914 年，世界上大约 85% 的土地落入帝国主义列强之手。

两次世界大战以及数场革命并未真正扭转不平衡的局势。冷战期间，美国和苏联直接或间接地大肆运用帝国主义强权。自 1989 年来，美国成为国际舞台上的主导力量。当前，中国在亚洲、非洲、欧洲、大洋洲和美洲的影响力正迅速扩大。即使法国也在维持其对西非国家相当深远却常被忽视的帝国主义影响力。全球多数国家仍处于少数国家的支配下。倘若认为帝国主义时代已经结束于 20 世纪中期，那么不妨重新审视世界格局。今天，帝国主义只是诉诸更加悄无声息的方式，并以略微高超的公关手段粉饰而已。

大加速

1870 年至 1914 年，世界出口的年均增长率是 3.4%，人均 GDP 的年均增长率是 1.3%。从第一次世界大战开始到第二次世界大战结束的灾难性时期（1914 年至 1945 年）见证了增长的下滑——世界出口的年均增长率仅为 0.9%，人均 GDP 的年均增长率仅为 0.91%。第二次世界大战结束后，核弹的发明意味着世界强国需要为战争付出更惨痛的代价。于是，史上最具杀伤力的核武器的出现反而带来了略显讽刺的结果：1945 年至今，世界处于至少 5500 年来最为“和平”（相对而言）的时代。如果考虑到早期农业社会的小规模冲突劫掠和采集狩猎时代 10% 的谋杀率，并一直追溯到 315 000 年前智人出现，那么世界的动荡史远不止 5500 年。

1945 年至今，全球的出口、GDP、人口数量和复杂性水平都经历了前所未有的增长。因此，这一时期也称为“大加速”。1945 年至 2020 年，世界出口的年均增长率为 6%，全球 GDP 的年均增长率为 3%。确切来说，过去的 70 年集中体现了人类复杂性的快速演化，仍有一些人对此记忆犹新。

今天，美国约有3.3亿人口，在全球GDP中约占25%，保持世界领先地位。中国约有14亿人口，目前仍处在工业化的进程中，在全球GDP中占16%。日本和德国分别以5.8%和4.3%的全球GDP贡献率紧随美国与中国之后。俄罗斯的人口数量尽管超过了日本和德国，但其全球GDP占比仅为1.8%。英国、澳大利亚、加拿大和新西兰四国的GDP总和占全球GDP的6.8%。继英国脱欧后，英、澳、加、新以“四国互通计划”为基础的大融合或许更符合各方利益。印度拥有13.5亿人口，但因其工业化滞后于中国，印度对全球GDP的贡献率仅为3.3%。对中国和印度而言，GDP增长实际上是对其人口规模的再匹配。如果庞大的人口数量不会阻碍其近期的经济增长，那么两国在19世纪第二次大分流中的落后地位将得以扭转。

1945年至今，全球人口从25亿增长到79亿（待多数读者阅读本书时可能已达到80亿）。世界人口实现第一个10亿的增长花费了315 000年，而从10亿增加到20亿仅用了100年，再往后，人口每增加10亿仅需几十年的时间。伴随着20世纪30年代至60年代的绿色革命，大量高效化肥和杀虫剂出现了，水稻等谷物的产量也可通过人工干预的方式提升，全球土地人口承载力随之增加。尽管印度和中国自19世纪至20世纪中期曾经历了可怕的饥荒，但两国人口此后均实现爆炸式增长，成为10亿级人口大国。

1914年，全球GDP总量为2.7万亿美元；1997年，全球

GDP 达 33.7 万亿美元；2008 年达 63 万亿美元，本书写作时达 87 万亿美元。自 1900 年至今，粮食总产量从 4 亿吨增加至 20 亿吨；灌溉面积从 1900 年的 6300 万公顷增加至 1950 年的 9400 万公顷，并进一步增至今天的 2.6 亿公顷（本书写作时）。

人类在短时间内实现了 315 000 年来人口数量和产品数量的最大化，人类所处的全球化体系的复杂度达到 138 亿年来的顶峰。我们生活在由 79 亿潜在创新者组成的网络之下，并能够通过电子邮件和互联网即时通信。加之发展中国家的教育机会和就业机会越来越多，集体学习加速发展的前景一片光明。

人类世

从几个不同维度来看，今天的人类对地球的环境和地质施加了决定性的影响。自 30 亿年至 25 亿年前的大氧化事件以来，有机体还从未如此深刻地影响地球演化。

关于人类世确切的开始时间尚有争议。一些人认为人类世始于 12 000 年前农业的出现。那时，人类大面积砍伐森林、开垦耕地，碳排放量可能由此增加；同时人类开始改造土地，驯化并饲养数以百万计的动物新品种。但人类世一说的支持者大多并不认为上述改变足以构成一个全新的地质时期。另一些人认为人类世应追溯到工业革命的开端（约 1750 年至 1800 年），因为自工业革命以来，碳排放量大为增加，技术也以前所未有的影响力改变了环境。也有人指出由于人口增长主要发生在1945年后，核试验也由此开始并干扰了同位素的时钟功能（依据同位素含量和衰变速度测量年代），因此人类世应始于大加速时期。

仅就生物每年的灭绝速度而言，在人类的影响下，今天的灭绝速度堪比过去5.5亿年里5次大灭绝事件之最，以至于一些人认为人类正在引发第六次人类世生物大灭绝。另一方面，自1900年来，人类的淡水使用量增长了10倍，地球可能面临含水层彻底枯竭的风险，人类和其他生命或将失去赖以生存的水源。与此同时，地球上70%的珊瑚礁岌岌可危。此外，过去的70年里，大气层中的二氧化碳浓度水平突破万分之四，达到近300万年以来的峰值。种种迹象表明，人类给地球生态系统带来巨大影响，并且似乎任何一方面的影响都没有指向光明的未来。

就气候变化而言，自工业革命以来，全球平均温度上升了约1℃，当前气温接近1000年前中世纪温暖期的平均水平。如全球气温的升高突破4℃的临界值，人类将面临蕴藏在海洋和西伯利亚一带的冰冻甲烷融化的风险。冰冻甲烷融化会释放大量温室气体，造成气温上升5~6℃。长期来看，气候变暖将减少可耕地面积，导致饥荒，并进一步抹杀生物多样性，同时，海平面的升高也意味着洪水将淹没众多人口密集地区。

人类世也面临人口激增的问题。积极地看，无论发达国家还是发展中国家，工业化似乎放慢了人口增长。尽管如此，2050年的世界人口总量仍预计达到90亿，2100年达到

100 亿 ~130 亿，并且人口增长将集中在全球最为贫困、最无力应对人口过剩的地区，即主要位于撒哈拉以南的非洲。许多问题由此产生。这些国家或是通过迅速工业化放慢人口增长，或是放弃工业化并承担已迫在眉睫的马尔萨斯灾难的风险。当前全球二氧化碳排放量的 65% 来自发展中国家。解决问题的唯一长期方式可能在于发展技术，比如氢融合。世界各地都将因技术进步而享受成本更低、相对来说几乎对环境零污染的能源。贫困国家也可以充分推进工业化，将人民生活提升到令人满意的水平，而不必承担全球气候变暖的风险。

纵观历史，复杂性每每达到新的层级并带来人口的急剧增长后，社会自然而然进入饱和期。人类步入农业社会后不久也曾面临人口饱和。但当前我们仍处人类世初期，尚不会面临严重的饱和。无论处于进化史的任何阶段，生物都先大量消耗环境资源，再迫使自身适应环境以争夺资源和能量流。复杂性的创造和维持将耗尽宇宙中的全部能量流。最终，能量化为乌有，复杂性自身也随之陨灭。

进入人类世，人类面临的问题在于我们能否及时进行创新，从而避免土地承载力再度不足，以及可怕的衰退和大规模死亡再度发生。人类世这一黄金年代将通往更高等级的社会，还是落回战火纷飞的铁器时代或闭塞的黑暗时代，我们仍不得而知。

本书的最后一章围绕未来展开。我们将探讨接下来的几个世纪、几百万年、数万亿年间宇宙生命将如何演化。

第四部分

未知阶段

（从今天至无限远）

PART 4

十二 短期未来与长远未来

可以将进入人类世后的人类命运归入四个广义范畴。不受干预的情形下，宇宙的自然未来将见证复杂性的凋零。在更为深远的未来，复杂性的演化或将带来超级文明的崛起。宇宙的终点可能是大冻结、大撕裂、大收缩，抑或大挽救。

宇宙演化始于白色、炙热、充满能量的一点。构成今天我们周遭的一切——无论是肉眼可见的，还是需要借助高性能显微镜或望远镜观测的事物——所需的全部要素皆备于这个起点。根据热力学第一定律，物质无法被创造或消灭，只能改变形态。从这个意义上说，我们就是宇宙。人类不过是宇宙中更为复杂、有觉知和自我意识的一部分，和宇宙一体同生，如同宇宙的镜像，这一点令人欣喜。但人类虽为天之骄子，依然无法洞察未来。当然，由原子构成的物质中，能担此殊荣的实在不多。

大爆炸后的 10^{-35} 秒，支配可观测宇宙的物理学定律能够自洽，宇宙中也出现了一些能量非均匀分布的微小的点。于是，热力学第二定律开始发挥作用。通过使能量从高处流向低处，各个位置的能量将趋于平衡，并最终实现处处均等。能量流创造了恒星、各类化学物质、多种多样的有机体以及各种社会形态。宇宙中复杂性的创造、维持和增加也都要通过能量流来实现。从阳光到植物的光合作用，从餐桌到言谈，从气泵到喷气发动机，皆是如此。一方面，宇宙中绝大部分区域毫无生机；另一方面，一些微小的点持续演化得更加复杂。不管未来怎样，从情感上还是概率上看，我们都已足够幸运，毕竟我们正身处 138 亿年来复杂性最高的社会中。

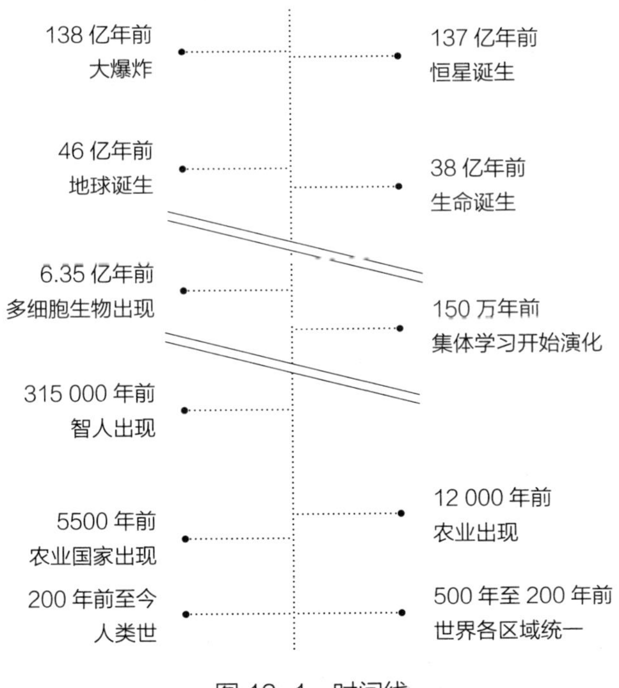

图 12-1　时间线

复杂性和集体学习分别是贯穿宇宙史和人类史的两条线索，并且集体学习的演化也反过来提升了复杂性。借助这两条线索，我们可以对短期和长远未来进行预测，而此类预测在历史研究领域并不多见。更进一步来说，只有在未来，复杂性和集体学习才能够取得成果，并使我们看清进步的真正含义。

那么，未来将如何展开呢?

预测未来

预测未来时，我们应考虑多种情形，并根据每种情形的合理性分别做出评估。如忽略细枝末节，那么这些预测将构成一个分层次谱系。

1. 可预料的未来，即科学告诉我们未来会发生什么。可预料的未来将依照当前的趋势如期而至。社会按部就班地发展，各变量和行为不会发生重大改变，人类亦不会做出有力发现。可预料的未来甚至并非最有可能发生的情形，因为新发现终将出现，变量终将改变。但它仍为我们的预测奠定了重要基础。例如，预测此类情形时，我们假定温室气体排放量和全球工业增长仍将保持当前速度。

2. 大概率的未来，即科学告诉我们很可能发生什么。这

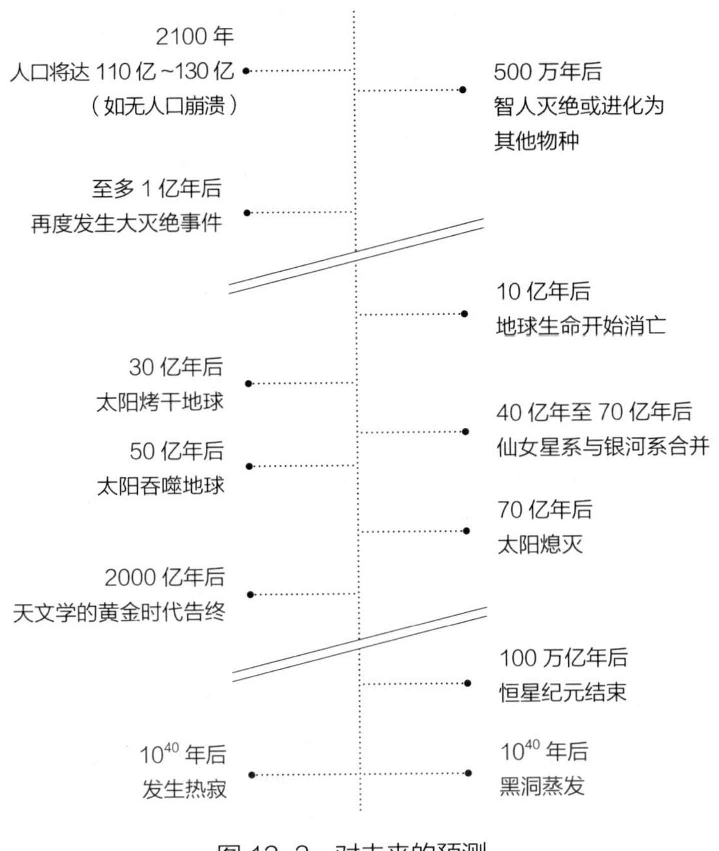

图 12-2　对未来的预测

一预测假定已知科学边界内的变量或变化预示了未来趋势。相比可预料的未来，大概率的未来包含了容错误差或变化幅度，是指那些科学已经明确但尚未实现的情形。例如，人类将减少对化石能源的依赖而转向太阳能。

3. 可能的未来，即科学可能发现什么。这一情形下，当前尚不可知的科学发现将改变未来，或者说我们无法对未来世界的运行机制给出详细的科学解释。人类没有如此丰富的想象力，可以对200年后的技术进步做出预测。试想1800年时，人们如何得知互联网的出现及其社会影响。可能的未来包含未知变量X，类似于“现在 + X = 未来”的方程式。事实上，我们可以像求解方程一样，用已知的变量推断未知数X到底为何。那些尚未完全为人类所掌握的技术，如人工智能的重大进步或核聚变及量子计算的创新，皆属此列。

4. 超乎常理的未来，即与科学相悖的未来。这一情形下，未来似乎是对已知科学法则的公然否认，与全部现有数据或看法相悖。预测超乎常理的未来至关重要，因为这一预测仅通过对照就清楚地界定了可能与不可能的边界。它既确保我们的技术展望不过于冒进，也包含了对当前看似难以置信的技术的预测。1800年（尚未出现火箭甚至任何飞行器的年代）时，人类很难想象自己能登上月球。对于当代人来说，未来出现某种违反热力学第二定律的技术就是一项超乎常理的预测。

事实上，只要经过足够长的时间，复杂性可以将超乎常理化作可能，将可能化作大概率，甚至进一步转化为预料中事。姑且不言其他，探索可能性边界的唯一办法就在于越过边界，并从不可能中寻找答案。

着眼短期未来

事实上，皆因复杂性之故，预测以百年或千年为单位的短期未来，比预测数十亿年、万亿年后的长远未来更加困难。浩瀚宇宙中需历经数十亿年才能发生的宇宙变化，反而关乎相对简单的体系和运算。如果我们掌握了确切的数据，就能够确定太阳的寿命，或是仙女星系和银河系合二为一所需的时间，尽管这将是数十亿年以后的事情。人类社会则复杂得多。个体能够做出千千万万种不同行为，这些行为交织着数十亿人口，构成了相当庞大的运算量，任何一台超级计算机都无法处理。我们很难预料人类会偶然发明什么，以及这些发明将怎样影响人类的社会行为。此外，人类与同样非常复杂的自然之间的相互作用，使得预测疾病或自然灾难也并不容易。

尽管我们很难预测接下来的一个世纪内将会发生的具体事件，但短期未来（接下来 100 年至 300 年）的全部可能性都可归入 4 个广义范畴。这 4 个范畴分别对应人类复杂性的增加、稳定、缓慢下降和崩溃。

1. 技术突破，即接下来的 100 年至 300 年间，人类社会还未到达当前生产模式的边界，创新不会落后于人口增长。这种情形或包含以经济上可行的方式分配核能资源，以及充分降低能源价格，以使最贫困的国家也能够负担。全球的能源储量和产量将实现指数级增长，且不会像化石能源一样破坏生态环境。技术突破同样意味着不可或缺的人工智能将提升未来的复杂性。换言之，集体学习将再次促进复杂性的飞跃。

2. 绿色均衡，即人类社会短期内（100 年至 300 年）未出现重大技术突破（突破绝非必然，例如工业革命前，农业社会持续了 12 000 年之久），同时人类合理索取自然资源且没有完全破坏生态环境。绿色均衡可能包含小规模的技术创新、合理规划、政府政策支持，以及向更加可持续的生产方式的转变。这种情形下，人类复杂性既不会显著提升，也不会下降。

3. 创造性下滑，即为了规避环境或人口灾难而采取某种实际上造成产量和消费下降的政策，相当于刻意消解人类复杂性。例如，以激进的方式控制或降低人口数量，放弃重工业，限制车辆或飞机出行，限制能源消费和生产（而非以可再生能源取而代之），定量供应衣食等。长此以往，人类复杂性将低于当前，反而更接近 300 年前农业国家的水平。

4. 崩溃，即任何一种可想象的世界末日的到来，包括环境灾难、核战争、超级细菌、小行星撞击和超级火山爆发等。任何原因造成的人类复杂性的剧烈下降均属此列。

不妨花些时间思考哪种情形最有可能出现，以及为何如此。近二十年来，公众对于气候变化的讨论导致发达国家的悲观情绪明显加剧。持续的全球新冠疫情造成了失业、人们心理健康问题激增等种种后果，并进一步加重了人们的悲观情绪。

然而长期来看，集体学习将再次引发技术突破。人类复杂性只需要撑过技术突破发挥作用前的漫长时期，不致使它走向崩溃。如此看来，生存即是 21 世纪人类的重任。人类必须渡过任何难关。这也意味着接下来的数千年里复杂性可能持续增加，各种各样惊人的技术突破也将随之出现。

有关更为广义的宇宙复杂性将持续增加或是就此中断，21 世纪发挥了决定性作用。从这个意义上看，现有人类以及接下来数年出生的新生代人类正处在历史的关键节点。人类行为的影响从未如此之大，远超生活在过去 315 000 年里的国王、佃农、农民或采集狩猎者。个体行为会在一定时期内产生切实影响并可能波及未来，而过去极少有人能够如此。

“自然的”长远未来

长远未来研究可划分为两大方向。第一类是可预料或大概率发生的地球和宇宙的“自然”未来，即假定生物或社会等主体的复杂性增加不会影响宇宙演化进程。第二类则由一系列可能的或超乎常理的设想构成。这一情形假定复杂性将持续增加数百万年、数十亿年甚至数万亿年，直至超越人类在地球上当前的技术范畴，以至广阔的宇宙空间也受到影响，并为人类所左右。

根据现有数据，我们对在“自然的”长远未来下，那些可预料或大概率发生的情形做出预测：

1. 10 亿年后，生物圈灭绝：平均每隔 1 亿年，地球都要上演一次大规模的生物灭绝事件。但截至目前，灭绝事件只是杀死了大量已有物种，并未导致地球覆灭。长远未来更加不会如此。大约 10 亿年后，太阳开始耗尽燃料，其光度将会增加，二氧化碳水平则会下降。这意味着此后地球上的植物将越来越难以进行大部分形式的光合作用，自然也难以维系扎根小块岩石之上的复杂生命。10 亿年后，生命将苦苦挣扎并开始衰亡。然而，从 5.41 亿年前的寒武纪大爆发到今天的时间跨度，也不过大约 10 亿年的一半长。多细胞物种可以在这段几乎两倍于从无颌鱼类脊椎动物祖先出现至今的时间内持续进化和改变。即使人类灭绝，历经 10 亿年也完全有可能进化出另一种能够集体学习的物种，并在几十万年后达到或是超越当前的复杂性水平。

2. 30 亿年至 70 亿年后，地球和太阳灭亡：30 亿年后，太阳体积不断膨胀，直到地球表面被高温烤干。一旦地表温度超过 100℃，我们相当确信地球生命将走到尽头。或许一些单细胞有机体能够在地表裂缝间存活，但这仍意味着复杂性的显著下降以及生物圈的覆灭。随着太阳体积继续增加，它终将吞噬地球，燃烧并吸收地球的一切残骸。地球由此毁灭。太阳膨胀或许还会进一步摧毁火星。但其影响力也将止步于此，小行星带和气体巨星将幸免于难。此后，太阳会发生坍缩并最终熄灭。如果人类后代得以穿越如此漫长的时期继续存在，那么技术进步很可能达到令人难以置信的高度，人类几乎成为神一样的存在。我们或是已经离开地球，改造木星或土星的卫星并居于其上；或是实现了改造太阳的宏伟工程，为其补充氢燃料用于持续燃烧；又或是已经离开太阳系，另寻其他行星，或彻底抛弃银河系，抑或进化到完全不需要生活在任何行星之上。

图 12-3　氢反应器

3. 2000 亿年后，天文学黄金时代告终：在暗能量的持续加速下，宇宙以超过光速的速度不断膨胀，人类终将无法看到来自其他星系的光。届时，如果人类不知晓宇宙大爆炸理论，那么其观测范围将局限在银河系，或者以为银河系就是宇宙中仅有的存在。人类对于宇宙的认识将回到宇宙是静态的、永恒的，认为它不存在演化起点。银河系将成为整个宇宙。这也是为什么许多科学家将今天（能够看到大爆炸留下的证据并观测到其他星系的时代）称为天文学的黄金时代。能够出生在宇宙的早期阶段无疑是幸运的。宇宙已有 138 亿年的历史，但还将持续存在数万亿年，因此相对而言，今天的宇宙还处于婴儿期。

4. 100 万亿年后，恒星走到尽头：一旦宇宙年龄达到数万亿年，任何星系都不会再形成新生恒星，宇宙中只有最小的、燃烧速度最慢的恒星继续燃烧。100 万亿年后，最后一批缓慢燃烧的小型恒星也将衰亡。这时，宇宙不再提供传统意义的能量流以维系行星上的生命，任何一个仍在探索前路的中等发达社会都难以获得足够的能量流，保持或增加其复杂性。利用黑洞辐射可能是一个替代方案，但黑洞辐射释放的能量仍不及恒星多。我们只能寄希望于经过数万亿年的集体学习（或是取代集体学习的某种更为快速的方式），复杂性能够达到力挽狂澜的惊人高度。

5. 10^{40} 年后，发生热寂：10^{40}，也就是将 40 个数字 0 置于 1 后，是 1 亿亿亿亿亿，又或是将 3 个 1 万亿连乘并在乘积末尾加上 4 个 0。10^{40} 年将近 3 倍于从今天到恒星末日的时间跨度。届时，不仅恒星消失，行星与小行星系统也将崩溃。宇宙中所有由分子构成的物质早已衰亡，只剩下未结合的原子。而这些原子也将逐渐退化得越来越简单，直到宇宙中只剩下氢原子并进一步退化为能量。宇宙从此成为仅含微弱辐射的空洞，而这些辐射也会在热力学第二定律的作用下分布得越来越均匀。创造了目前为止全部复杂性的能量流将完成使命，而宇宙中的复杂性也从此消亡。这正是所谓的热力学第二定律，既是创世者，也是毁灭者。宇宙将化为一个永恒的空洞，不再出现变化，发生事件，成就历史。届时，不仅世界末日到来，人类史和整部宇宙史也将走向终点。10^{40} 年后，即使黑洞也会释放全部辐射并蒸发，化作稀疏、均匀分布的能量。

这就是所谓的“大冻结”，是根据现有数据可预料的宇宙复杂性演化的尽头。“大冻结”建立在宇宙将持续加速膨胀的基础上。

如果我们观测到与当前不同的宇宙膨胀速度，那么这一速度会改变我们用于预测的数据，从而为宇宙结局带来另外两种可能。当宇宙加速膨胀的速率快于当前的观测，将发生宇宙大撕裂，即宇宙因膨胀过快，星系之间的距离增加，直到克服引力并将星系撕裂；接下来，快速膨胀将克服使核子组成原子核的核力，从而令恒星、行星以及生命解体。这一情形至少需要 200 亿年才会发生，尽管所谓“至少”实际上也是一段相当长的时间。

第二种可能的情形是“大收缩”，即加速膨胀将放缓并逆转，最终，宇宙中的所有星系彼此挤压，经过不断收缩后回到白色、炙热的大爆炸奇点。“大收缩”理论假定这一奇点将再度爆炸，宇宙也又一次膨胀，并以这种方式不断重获新生。这无疑是一个颇具诗意和吸引力的理论。然而这一理论目前尚无数据支持。但即使宇宙膨胀发生减速并最终逆转，也需要经过 500 亿至上千亿年的时间。

尽管“大冻结”看似残酷，但宇宙循序渐进走向消亡的方式实际上为复杂性的演化预留了最为充足的时间（数万亿亿亿亿年），使复杂性能够持续增加，以应对热力学第二定律注定的末日。如此看来，我们更应欢欣鼓舞，毕竟相当遥远的“大冻结”似乎是宇宙最有可能出现的结局。

复杂性的长远未来

首先，考虑到恒星熄灭还需 100 万亿年，热寂发生还需数万亿亿亿亿年，当前 138 亿年的宇宙仍相当“年轻”。相比之下，生物复杂性 38 亿年的演化史如此短暂，有文字记载的 5500 年人类国家和社会演化史更是如转瞬之间。最后，回顾过去的200年，不断加速的集体学习和科学进步竟已取得如此多的成就。

区区200年对于漫长的宇宙史而言微不足道。鉴于占宇宙史的比例过小，我们甚至不必以百分比来衡量。如果复杂性继续像当前一样加速演化，我们就会立刻思索：数千年或数百万年后未来将如何走向（更不必说数十亿或数万亿年后）？可以想见，那时高度发达的社会将影响宇宙自然的演化进程。

假定复杂性持续提升，人类不仅可能影响宇宙演化，产生影响的概率也将逐渐增加，直至成为大概率事件甚至意料中事。

然而，我们几乎不可能预测如此发达的复杂性将呈现何种面貌。预测10年后的技术水平尚且不容易，更何况数千年或数百万年后的情形。但我们仍可通过某种方式展望未来某一天超级文明的复杂度之高和影响力之深远。

本书一开始，我们曾设计一种度量复杂性的方法，即计算创造、维持及增加复杂性所需的能量流的密度。太阳的能量流密度为2尔格/克/秒，光合作用植物的平均能量流密度为900尔格/克/秒，一只狗的能量流密度为2万尔格/克/秒，人类采集狩猎社会为4万尔格/克/秒，农业国家为10万尔格/克/秒，19世纪工业社会为50万尔格/克/秒，今天的能量流密度则达到200万尔格/克/秒。通过这种可量化度量方式，我们能够预测长远未来下超级文明的复杂度，甚至估算实现这一复杂度所需的时间。

能量流每每增加，复杂性的结构繁复程度也随之提升。从氢原子到携带 DNA 的单细胞，到由数万亿细胞组成的多细胞有机体，再到人类网络、驯化动物以及所有机器等社会构成要素，均表明了这一点。同时，随着能量密度的增加，人类能力也获得提升，至少我们能够有意识地利用物理法则，并改变周围环境，从而确保人类延续下去。

尽管我们完全无法预料未来的超级文明将产生何种科学成果，做出如何不可思议的发明创造，但目前为止我们观察到的历史趋势表明，复杂性将达到相当高度，并开始影响星系结构和宇宙自身演化。

超级文明

1964 年，苏联天文学家尼古拉·卡尔达舍夫（Nikolai Kardashev）提出卡尔达舍夫等级，我们可以依据这一等级，并以先进文明能够利用的能量为基础评估文明的发达程度。通过度量文明能够利用的能量相当于行星总能量、恒星总能量或星系总能量，可以划分该等级的不同阶段。值得注意的是，这并不意味着行星、恒星或星系必须作为能量的实际来源。我们仅仅认为超级文明能够产生行星、恒星或星系级别的能量。

1. Ⅰ类行星级文明。进入人类世，人类实际上已相当接近能够利用行星全部能量的水平。当前社会处于 0.7 级或更高的文明程度。我们预料未来不久，社会即可达到 260 万尔格 / 克 / 秒的平均自由能量密度。事实上，这一平均能量流增长相当有限，我们足以充分预测相应的社会环境：地球人口增加并不多，维系复杂性的能量来源更加充分。例如，人口将增至 100 亿，各热核反应堆均达到不低于今天发达国家水平的标准。如果我们使用复杂性从采集狩猎时代加速发展至今的速率预测未来，那么人类将在 300 年内实现Ⅰ类文明。仅凭这些数字，未来看似相当光明，但前提是复杂性不会发生倒退。这也正是当代人对历史演进至关重要的原因所在。

2. Ⅱ类恒星级文明：进入这一阶段，我们面对的不再是可预料或大概率的未来，而是可能的未来。科学尚不能确切解释，何种技术将引领人类进入这一阶段。届时，人类（或任何进化后的形式）得以利用恒星级能量，这或许会令我们联想到戴森球式的场景，也就是我们以板状材料包裹恒星，并利用这些材料吸收恒星发出的全部能量，而不再依靠恒星抛射到整个宇宙中，能到达植物或太阳能板的少量能量或地球上的其他能量来源。利用恒星级能量的超级文明，其自由能量密度约达 702 亿尔格 / 克 / 秒，与现代社会相比，这是一个巨大的复杂性飞跃。这一超级文明的结构将相当繁复，

图 12-4　戴森球

能够改造周围环境和适用于宇宙的物理学基本原理。如此进步大致等同于从单细胞生物到第二次世界大战时期喷火式发动机的复杂性升级。人类显然可能进化为“超人类”或“后人类”。他们或许能够逆转生物学意义上的衰老，甚至将意识上传至计算机，并以集体意识或独立的电子人的形式获得永生。未来人类将拥有一流的计算能力，以至集体学习、沟通方式以及发明创造都以惊人的速度蓬勃发展。按照今天复杂性加快演化的速度，人类实现这样的进化至多需要 25 000 年。25 000 年前，采集狩猎者遍布非洲、欧洲、亚洲和大洋洲。这一时间跨度大致是农业社会距今时长的两倍。鉴于我们预期复杂性将在宇宙中存续数万亿亿亿亿年，25 000 年不过沧海一粟。即使相比恒星将继续燃烧 100 万亿年，25 000 年也不过整个过程的 0.000 000 000 25。

这些数字证明了天体生物学家和 SETI 热衷者（致力于

搜寻地外文明的人）的猜测：尽管复杂性经过数十亿年才在宇宙中起步发展，但一旦演化开始，复杂性取得突破的时间间隔将越来越小。

留给复杂性在宇宙某处崛起的时间仍相当充分，即使届时这一切可能与人类无关。

3. Ⅲ类星系级文明：如果我们设想的超级文明仅凭来自一颗恒星的能量尚不足以令宇宙中最基本的物理学法则为人类所用，那么人类始终可以更进一步地利用相当于银河系 2000 亿至 4000 亿颗恒星的能量。如此强大的超级文明意味着 14 000 000 000 000 000 000 000 000（14 亿亿亿）尔格 / 克 / 秒的自由能量密度。这一复杂性提升超越了单一的亚原子粒子与现代社会在复杂性方面的差距。届时，超级文明必然使全社会及其影响力如夸克一样复杂。社会将毫无疑问地拥有神一样强大的力量，很可能可以通过操控宇宙本身的基本法则或整个星系以满足社会利益。如果我们保持复杂性加快演化的速度不变，那么实现这一超级文明的时间将不超过 10 万年。尽管这一数值看似巨大，但从智人首次离开非洲到今天也不过同等时长。即使以上预测不能实现，物理学家也曾估计，人类需要 500 万年至 5000 万年到达银河系中的所有类太阳系（假设光速是宇宙中最快的速度），耗时大致相当于人类与黑猩猩或灵长类动物的共同祖先出现至今的时长。相比地球生命史，即使 5000 万年也不过片刻之间；如果与恒星和星系还将继续存在的时间相比，5000 万年就更加微不足道。

如果我们确能利用星系中众多恒星的能量以实现相应的能量水平，人类很可能需要将恒星移至某种“能量网”中，也就是所谓的星系宏观工程。如果宇宙其他地方存在到目前为止已经超越人类的高度发达的生命，我们或许不应通过无线电信号寻找外星社会，而应探寻 4000 亿个星系中那些看似不合常理的星体结构的痕迹。

4. Ⅳ类宇宙级文明：人类无疑将来到一个超乎常理的世界。尽管穿越银河系或许切实可行，但如果想要进入可观测宇宙中的每个星系，则还需要一些当前物理学尚不支持的技术。如果此类技术突破得以实现，人类将能够利用约 6 000 000 000 000 000 000 000 000 000 000 000 000（6×10^{36}）尔格 / 克 / 秒的能量。我们无法找出复杂性可与之相比的参照物。Ⅲ类文明的能量密度已经超越类比的极限。到目前为止，宇宙中尚不存在足够简单或足够复杂的事物，其复杂性可与当今社会构成对照，并与这一数字相提并论。但我们仍可基于数值计算实现这一复杂性的耗时。结果令人大吃一惊。假设人类能够克服诸多身体上和技术上的障碍，那么实现先前强大至极的Ⅱ类和Ⅲ类文明后，人类将在 20 万年内实现Ⅳ类文明。据此可得，人类的文明程度从当前的 0.7 级发展到Ⅳ类文明需要约 325 000 年，仅略长于智人出现至今的时间。相比复杂性将在宇宙中继续存在的时长，325 000 年不过须臾片刻。即使以上计算存在偏差，未来某天复杂性的加速演化明显放缓，从今天到宇宙中所有恒星熄灭前的漫长岁月仍容许 9 个数量级的偏差。

超级文明大概率无须利用如此多的能量才能左右环境，以改变或打破宇宙物理法则。这样的能力很可能在达到Ⅱ类或Ⅲ类文明时已经实现。

5. Ⅴ类多元宇宙级文明：鉴于已经做出以上种种预测，我们不妨继续设想。假定存在第一章所述的多元宇宙，并且人类通过某种方式得以穿越永久膨胀的空间，并彻底改变时空性质，从而将来自多个宇宙的全部能量流（如其他宇宙也存在能量）统一于某种网络下，那么人类将进入能够利用来自所有宇宙的全部能量流的Ⅴ类文明。遗憾的是，我们无法给出这一情形的自由能量密度。这一数值不仅超乎想象之大，而且如果多元宇宙的数量是无限的，这一数值也将无限大。鉴于该数不存在极限，我们也就无法预测相应的耗时，因为穿越无限多的宇宙自然需要无限长的时间。如此来看，如果复杂性能够发展到这一步，人类将实际上来到复杂性的“奇点”，即复杂性朝着无限远的方向演进，发明创造将超越事件视界，一切皆有可能。

如果说Ⅳ类文明很可能不是人类左右宇宙基本性质的必要条件，那么人类必然更加无须为此进化到Ⅴ类文明。

“大挽救”

到目前为止，我们已经涉及宇宙三种“自然的”结局。无论大冻结、大撕裂或是大收缩（或大反弹）都假定复杂性不会对宇宙演化产生影响。无论哪种情形，先进文明的辐射范围很可能不会超出所在行星太多，并且这些文明都将走向灭绝。人们普遍认为上述结局将会成真。

但也存在复杂性将持续加速演化且不会戛然而止的另外几种可能。这些可能性都揭示了宇宙史的某种共同终局。Ⅱ类、Ⅲ类及Ⅳ类超级文明将进化到能够操控周围环境之强大，以致颠覆热力学第二定律，并使复杂性超越自然情况下的终点。我们也可称之为“大挽救”。

相比宇宙当前的年龄，或在大撕裂、大收缩（或大反弹），特别是大冻结的情形下的宇宙寿命，实现此类超级文明相当之快。因此我们将其作为对未来的一种猜想不无道理。

多细胞动物出现以来的6.35亿年里，估计曾出现过100亿种物种，其中至少一种进化出足以创建社会的集体学习的能力，并且社会的建立集中在过去的12 000年内完成。许多天体生物学家都认同银河系存在多达3亿颗宜居行星的观点。即使假设这些行星均可诞生多细胞生命（事实并非如此），这仍意味着在地球以外的银河系，某种具有集体学习能力的有机体崛起的可能性并不大。但可观测宇宙中的星系数量如此之多（约有4000亿），如果假设平均每个星系都有 3 亿颗宜居行星，那么出现其他能够创造超级文明的物种的概率就大得多。加之，人类走到今天仅用时 138 亿年，而留给物种崛起的时间尚有数万亿年，上述概率就更加不容小觑。即使在不久的将来人类灭绝，宇宙其他位置仍有相当大的可能性孕育Ⅱ类、Ⅲ类及Ⅳ类超级文明。

正因此，无论以任何视角预测宇宙终局，除了那些更可预见的自然终点外，我们也必须将大挽救纳入考虑范围。

如果发生大挽救，人类将来到Ⅱ类、Ⅲ类或Ⅳ类超级文明（取决于技术上的需求），并通过以下三类活动之一延续复杂性，使其超越宇宙可预料的自然终点。

1. 逃离：假设多元宇宙存在，那么人类可以前往某个尚未步入老年期的宇宙，或是某个物理性质不包含热力学第二定律的宇宙，从而避免在这一定律下，复杂性因能量流耗尽而终结。

2. 操控：假设多元宇宙并不存在，或者前往宇宙这张米褐色桌面上的其他“咖啡杯水痕”在物理上不可实现，那么为了颠覆热力学第二定律，极为复杂的超级文明或许能够操控或改写宇宙的基本性质。这也是看似最为可能的一种情形。通过某种形式的技术，地球和全宇宙将实现永动，进而避免万物的自然终结。

3. 创造：这一情形更加适用于大收缩，但也可能在大冻结或大撕裂时发生。如果人类得以通过某种方式操控空间和时间，就可以仅凭重演大爆炸以解决问题。但这一次，我们对大爆炸预先设置条件，使其创造比当前宇宙更加适于复杂性演化的物理学法则和物质及能量分配方式。

大挽救包含的种种情形均对应超乎常理的未来，因为实现大挽救不仅需要做出人类当前尚不理解的发明创造（对应可能的未来），也需要在当前科学并不支持的物理问题上取得突破。但只有通过展望超乎常理的未来，人类才能确认哪些情形确有可能。

复杂性仍将在宇宙中存续相当长的时间，而实现超级文明的耗时却相对有限，并且按照先前的计算，此类超级文明的复杂性将登峰造极。基于这些原因，我们有必要将大挽救纳入考虑。那些几个世纪前看似超乎常理的情形——即时通信、搭乘快于声速的交通工具旅行或登上月球，均已在现代社会实现。当代人并非身肩千钧重负，只需再坚守 2 万年至 30 万年，对未来的可能拭目以待。

42 或非宇宙终极答案[1]

写作本书时，全球正处于极为艰难和悲观的时期。人口经历饱和（尽管并不完全因新冠疫情而起，但疫情确实恶化了这一情况），社会陷入人们记忆中最激烈的政治纷争期。一些易感焦虑的人可能认为，以上均是长周期进入下行期的可疑且危险的信号。

正因如此，我很高兴能够相当乐观、轻松并满怀希望地探讨人类世以及宇宙的终点。推动人类穿越浩瀚历史的种种模式，似乎也蕴含了人类能够到达短期及更加深远的未来的巨大可能。未来不止生存，也将走向繁荣，甚至更多宇宙重大谜题亦会揭晓。以上就是人类社会、知识和探索极为珍贵的终极可能。

人类今天的行为或掌握着未来众多惊人创造的命脉，而从宇宙史的视角来看，这些创造已近在咫尺。只要我们稍微乐观地看待寿命延长技术或超人主义，就会发觉当代人或下一代人可能亲身参与这场大冒险。这是历史的丰厚礼物，是对过去所有努力的回馈，并将由我们继续传递给他人。

---

[1] 道格拉斯·亚当斯在其经典科幻小说《银河系漫游指南》中将“42”作为“生命、宇宙和万事万物终极问题”的答案，并由此衍生了科幻迷对数字 42 的种种解读和遐想。——译者注

至此，我们已快速回顾了138亿年来的历史，但这可能只是故事的开端。

人类，请保持勇敢并善待彼此。

致谢

在此，我想感谢我的导师大卫·克里斯蒂安（David Christian）对我的指导，为我提供诸多机会，以及无论顺境或逆境对我的一如既往支持，尤其是面对当前的新冠疫情。

我也要感谢我的父母苏珊·贝克和格雷格·贝克（Susan and Greg Baker）。他们给予我很多支持和耐心，赞同我探索这一极不寻常的学术领域。

同时，我要感谢杰森·盖雷特（Jason Gallate）阅读本书初稿，并在过去几个月里为我提供精神上的重要支持。他的帮助对我来说无异于解危救困。

此外，我也要感谢凯伦·斯特普利（Karen Stapley）及马特·迪特珍（Matt Diteljan）阅读本书初稿并提供有益反馈，极大改善了本书的质量。

最后，我要感谢米罗（Milo），原因不必多言。

延伸阅读

Adas, Michael. *Islamic and European Expansion: The Forging of a Global Order*. Philadelphia: Temple University Press, 2001.

Adshead, S., *China in World History*. 2nd edn. Basingstoke: Macmillan, 1995.

Allen, Robert. *The British Industrial Revolution in a Global Perspective*. Cambridge: Cambridge University Press, 2009.

Allsen, Thomas. *Culture and Conquest in Mongol Eurasia*. Cambridge: Cambridge University Press, 2001.

Alvarez, Walter. *A Most Improbable Journey: A Big History of Our Planet and Ourselves*. New York: W.W. Norton, 2016.

Alvarez, Walter. *T. Rex and the Crater of Doom*. Princeton: Princeton University Press, 1997.

Archer, Christon, et al. *World History of Warfare*. Lincoln: University of Nebraska Press, 2002.

Ashton, T.S. *The Industrial Revolution, 1760–1830*. London: Oxford University Press, 1948.

Asimov, Isaac. *Beginnings: The Story of Origins – of Mankind, Life, the Earth, the Universe*. New York: Walker, 1987.

Bairoch, Paul. *Cities and Economic Development: From the Dawn of History to the Present*. Trans. Christopher Brauder. Chicago: University of Chicago Press, 1988.

Baker, David. 'Collective learning: A potential unifying theme of human history'. *Journal of World History*, vol. 26, no. 1, 2015, pp. 77–104.

Barfield, Thomas. *The Nomadic Alternative*. Englewood Cliffs: Prentice-Hall, 1993.

Barnett, S.A. *The Science of Life: From Cells to Survival*. Sydney: Allen & Unwin, 1998.

Barrow, John. *The Book of Universes: Exploring the Limits of the Cosmos*. London: W.W. Norton, 2011.

Bayley, Chris. *The Birth of the Modern World: Global Connections and Comparisons, 1780–1914*. Oxford: Blackwell, 2003.

Bellwood, Peter. *First Famers: The Origins of Agricultural Societies*. Oxford: Blackwell, 2005.

Bentley, Jerry. *Old World Encounters: Cross-Cultural Contacts and Exchanges in Pre-Modern Times*. Oxford: Oxford University Press, 1993.

Berg, Maxine. *The Age of Manufacturers, 1700–1820: Industry, Innovation, and Work in Britain*. 2nd edn. London: Routledge, 1994.

Bin Wong, Robert. *China Transformed: Historical Change and the Limits of European Experience*. Ithaca: Cornell University Press, 1997.

Biraben, J.R. 'Essai sur l'évolution du nombre des homes'. *Population*, vol. 34, 1979, pp. 13–25.

Black, Jeremy. *War and the World: Military Power and the Fate of Continents, 1450–2000*. New Haven: Yale University Press, 1998.

Blackwell, Richard J. *Behind the Scenes at Galileo's Trial*. Notre Dame: University of Notre Dame Press, 2006.

Bowler, Peter. *Evolution: The History of an Idea*. 3rd edn. Berkeley: University of California Press, 2003.

Brantingham, P.J. et al. *The Early Paleolithic Beyond Western Europe*. Berkeley: University of California Press, 2004.

Bray, Francesca. *The Rice Economies: Technology and Development in Asian Societies*. Oxford: Basil Blackwell, 1986.

Brown, Cynthia. *Big History: From the Big Bang to the Present*. New York and London: The New Press, 2007.

Browne, Janet. *Charles Darwin: Voyaging*. Princeton: Princeton University

Press, 1996.

Bryson, Bill. *A Short History of Nearly Everything*. New York: Broadway Books, 2003.

Bucciantini, Massimo, Michele Camerota and Franco Gudice. *Galileo's Telescope: A European Story*. Trans. Catherine Bolton. Cambridge, Mass.: Harvard University Press, 2015.

Cavalli-Sforza, Luigi Luca, and Francesco Cavalli-Sforza. *The Great Human Diasporas*. Trans. Sarah Thorne. Reading: Addison-Wesley, 1995.

Chaisson, Eric. *Epic of Evolution: Seven Ages of the Cosmos*. New York: Columbia University Press, 2006.

Chaisson, Eric J. *Cosmic Evolution: The Rise of Complexity in Nature*. Cambridge: Harvard University Press, 2001.

Chaisson, Eric. 'Using complexity science to search for unity in the natural sciences'. In Charles Lineweaver, Paul Davies and Michael Ruse (eds). *Complexity and the Arrow of Time*. Cambridge: Cambridge University Press, 2013.

Chambers, John and Jacqueline Morton. *From Dust to Life: The Origin and Evolution of Our Solar System*. Princeton: Princeton University Press, 2014.

Cheney, Dorothy and Robert Seyfarth. *Baboon Metaphysics: The Evolution of a Social Mind*. Chicago: University of Chicago Press, 2014.

Chi, Z. and H.C. Hung. 'The emergence of agriculture in South China'. *Antiquity*, vol. 84, 2010, pp. 11–25.

Christian, David. 'The evolutionary epic and the chronometric revolution'. In Genet et al. (eds) *The Evolutionary Epic: Science's Story and Humanity's Response*. Santa Margarita: Collingswood Foundation Press, 2009.

Christian, David. *Maps of Time: An Introduction to Big History*. Berkeley: University of California Press, 2004.

Christian, David. *Origin Story: A Big History of Everything*. London: Allen Lane, 2018.

Christian, David. 'Silk Roads or Steppe Roads? The Silk Roads in World History'. *Journal of World History*, vol. 11., no. 1 (2000), pp. 1–26.

Christian, David and Cynthia Stokes Brown and Craig Benjamin. *Big*

History: Between Nothing and Everything. New York: McGraw Hill, 2014.

Christianson, Gale. *Edwin Hubble: Mariner of the Nebulae*. Chicago: University of Chicago Press, 1996.

Cipolla, Carlo. *Before the Industrial Revolution: European Society and Economy, 1000–1700.* 2nd edn. London: Methuen, 1981.

Cloud, Preston. *Oasis in Space: Earth History from the Beginning*. New York: W.W. Norton, 1988.

Coe, Michael. *Mexico: From the Olmecs to the Aztecs*. 4th edn. New York: Thames and Hudson, 1994.

Cohen, Mark. *Health and the Rise of Civilization*. New Haven: Yale University Press, 1989.

Collins, Francis. *The Language of Life: DNA and the Revolution in Personalised Medicine*. London: Profile Books, 2010.

Copernicus, Nicolaus. 'De hypothesibus motuum coelestium a se constitutis commentariolus' in *Three Copernican Treatises*. 2nd edn. Trans. Edward Rosen. New York: Dover Publications, 2004.

Copernicus, Nicolaus. *De revolutionibus orbium coelestium*. Ed. trans. Edward Rosen. Baltimore: Johns Hopkins University Press, 1992.

Cowan, C. and P. Watson, eds. *The Origins of Agriculture: An International Perspective*. Washington: Smithsonian Institution Press, 1992.

Crawford, Harriet. *Sumer and the Sumerians*. Cambridge: Cambridge University Press, 2004.

Crosby, Alfred. *The Columbian Exchange: The Biological Expansion of Europe, 900–1900.* Cambridge: Cambridge University Press, 1986.

D'Altroy, Terence. *The Incas.* Malden: Blackwell, 2002.

Darwin, Charles. *The Autobiography of Charles Darwin 1809–1882*. Ed. Nora Barlow. London: Collins, 1958.

Darwin, Charles. *The Origin of Species by Means of Natural Selection*. 1st edn, reprint. Cambridge, Mass: Harvard University Press, 2003.

Darwin, Charles. *The Voyage of the Beagle*. New York: Cosimo Classics, 2008.

Davies, Kevin. *Cracking the Genome: Inside the Race to Unlock DNA.*

Baltimore: Johns Hopkins University Press, 2001.

De Waal, Frans. *Chimpanzee Politics: Power and Sex Among Apes*. Johns Hopkins University Press, 2007.

De Waal, Frans. *Tree of Origin: What Primate Behaviour Can Tell Us about Human Social Evolution*. Cambridge: Harvard University Press, 2001.

Diamond, Jared. *Guns, Germs, and Steel: The Fates of Human Societies*. London: Vintage, 1998.

Dunbar, Robin. *A New History of Mankind's Evolution*. London: Faber & Faber, 2004.

Dunn, Ross. *The Adventures of Ibn Battuta: A Muslim Traveler of the Fourteenth Century*. Berkeley: University of California Press, 1986.

Dyson, Freeman. *Origins of Life*. 2nd edn. Cambridge: Cambridge University Press, 1999.

Earle, Timothy. *How Chiefs Come to Power: The Political Economy in Prehistory*. Stanford: Stanford University Press, 1997.

Ehret, Christopher. *An African Classical Age: Eastern and Southern Africa in World History, 1000 BC to AD 400*. Charlottesville: University Press of Virginia, 1998.

Ellis, Walter. *Ptolemy of Egypt*. London: Routledge, 1994.

Elvin, Mark. *The Pattern of the Chinese Past*. Stanford, Calif.: Stanford University Press, 1973.

Erwin, Douglas. *Extinction: How Life on Earth Nearly Ended 250 Million Years Ago*. Princeton: Princeton University Press, 2006.

Fagan, Brian. *People of the Earth: An Introduction to World Prehistory*. 10th edn. New Jersey: Prentice Hall, 2001.

Faser, Evan and Andrew Rimas. *Empires of Food: Feast, Famine, and the Rise and Fall of Civilisations*. Berkeley, Calif.: Counterpoint, 2010.

Fernandez-Armesto, Felipe. *Before Columbus: Exploration and Colonisation from the Mediterranean to the Atlantic, 1229–1492*. London: Macmillan, 1987.

Fernandez-Armesto, Felipe. *Pathfinders: A Global History of Exploration*. New York: W.W. Norton, 2007.

Flannery, Tim. *The Future Eaters: An Ecological History of the Australasian Lands and People.* Chatswood: Reed, 1995.

Fortey, R. *Earth: An Intimate History.* New York: Knopf, 2004.

Frankel, Henry. *The Continental Drift Controversy: Wegener and the Early Debate.* Cambridge: Cambridge University Press, 2012.

Galilei, Galileo. *Dialogue Concerning Two Chief World Systems: Ptolemaic and Copernician.* Trans. Stillman Drake. Ed. Stephen Jay Gould. Berkeley: University of California Press, 2001.

Gates, Charles. *Ancient Cities: The Archaeology of Urban Life in the Ancient Near East*, Egypt, Greece, and Rome, 2nd edn. Abingdon: Routledge, 2011.

Ghorsio, A. et al. 'New elements einsteinium and fermium, atomic numbers 99 and 100'. *Physical Review*, vol. 99, no. 3 (1955), pp. 1048–9.

Gingerich, Owen. *Copernicus: A Very Short Introduction.* Oxford: Oxford University Press, 2016.

Goodall, Jane. *The Chimpanzees of Gombe: Patterns of Behaviour.* Cambridge: Harvard University Press, 1986.

Goodall, Jane. *Through a Window: My Thirty Years with the Chimpanzees of Gombe.* Boston: Houghton Mifflin, 1990.

Gordin, Michael. *A Well Ordered Thing: Dmitrii Mendeleev and the Shadow of the Periodic Table.* New York: Basic Books, 2004.

Gosling, Raymond (interview). 'Due credit'. *Nature*, vol. 496 (2013). Available from www.nature.com/news/due-credit-1.12806

Green, R. et al. 'A draft sequence of the neanderthal genome'. *Science*, vol. 328, no. 5979 (May 2010), pp. 710–22.

Hansen, Valerie. *The Open Empire: A History of China to 1600.* New York: W.W. Norton, 2000.

Hawking, Stephen. *A Brief History of Time: From the Big Bang to Black Holes.* New York: Bantam, 1988.

Hawking, Stephen and Leonard Mlodinow. *The Grand Design.* New York: Bantam Books, 2010.

Hawking, Stephen. *The Universe in a Nutshell.* New York: Bantam, 2001.

Hazen, Robert. *The Story of Earth: The First 4.5 Billion Years from Stardust to Living Planet*. New York: Viking 2012.

Headrick, Daniel. *The Tools of Empire: Technology and European Imperialism in the Nineteenth Century*. New York: Oxford University Press, 1981.

Headrick, Daniel. *Technology: A World History*. Oxford: Oxford University Press, 2009.

Heilbron, John. *Galileo*. Oxford: Oxford University Press, 2010.

Higman, B. *How Food Made History*. Chichester: Wiley Blackwell, 2012.

Hoskin, Michael. *Discoverers of the Universe: William and Caroline Herschel*. Princeton: Princeton University Press, 2011.

Hsu, Cho-yun. *Han Agriculture: The Formation of Early Chinese Agrarian Economy, 206 B.C.–220 A.D.* Ed. Jack Dulled. Seattle: University of Washington Press, 1980.

Hubble, Edwin. 'A relation between distance and radial velocity among extra-galactic nebulae'. *Proceedings of the National Academy of Sciences*, vol. 15, no. 3 (1929), pp. 168–73.

Johanson, Donald, and Maitland Edey. *Lucy: The Beginnings of Humankind.* New York: Simon & Schuster, 1981.

Johnson, A. and T. Earle. *The Evolution of Human Societies: From Foraging Group to Agrarian State*. 2nd edn. Stanford: Stanford University Press, 2000.

Johnson, George. *Miss Leavitt's Stars: The Untold Story of the Woman Who Discovered How to Measure the Universe*. New York: W.W. Norton, 2005.

Jones, Rhys. 'Fire stick farming'. *Australian Natural History* (Sep. 1969), pp. 224–8.

Jordanova, Ludmilla. *Lamarck*. Oxford: Oxford University Press, 1984.

Karol, Paul et al. 'Discovery of the element with atomic number Z=118 completing the 7th row of the periodic table (IUPAC Technical Report)'. *Pure Applied Chemistry*, vol. 88 (2016), pp. 155–60.

Kenyon, Kathleen. *Digging up Jericho*. London: Ernest Benn, 1957.

Kicza, John. 'The peoples and civilizations of the Americas before contact'.

Agricultural and Pastoral Societies in Ancient and Classical History. Ed. Michael Adas. Philadelphia: Temple University Press, 2001.

King, Henry. *The History of the Telescope*. New York: Dover Publications, 2003.

Klein, Richard. *The Dawn of Human Culture*. New York: Wiley, 2002.

Knoll, Andrew. *Life on a Young Planet: The First Three Billion Years of Evolution on Earth*. Princeton: Princeton University Press, 2003.

Korotayev, A., A. Malkov and D. Khalturina. *Laws of History: Mathematical Modelling of Historical Macroprocesses*. Moscow: Komkniga, 2005.

Krauss, Lawrence. *A Universe from Nothing: Why There is Something Rather than Nothing*. New York: Simon & Schuster, 2012.

Lamarck, Jean Baptiste Pierre Antoine de Monet. *Philosophie zoologique: ou exposition des considerations relatives a l'histoire naturelle des animaux*. Cambridge: Cambridge University Press, 2011.

Leakey, R. *The Sixth Extinction: Patterns of Life and the Future of Humankind*. New York: Doubleday, 1995.

Leavitt, Henrietta S. '1777 Variables in the Magellanic Clouds'. *Annals of Harvard College Observatory*, vol. 60, no. 4 (1908), pp. 87–108.

Leick, Gwendolyn. *Mesopotamia: The Invention of the City*. London: Penguin, 2001.

Levathes, Louise. *When China Ruled the Seas: The Treasure Fleet of the Dragon Throne, 1405–1433*. New York: Simon & Schuster, 1994.

Livi-Bacci, Massimo. *A Concise History of World Population*. Trans. Carl Ipsen. Oxford: Blackwell, 1992.

Lunine, J. *Earth: Evolution of a Habitable World*. Cambridge: Cambridge University Press, 1999.

Macdougall, Doug. *Why Geology Matters: Decoding the Past, Anticipating the Future*. Berkeley: University of California Press, 2011.

Maddison, Angus. *The World Economy: A Millennial Perspective*. Paris: OECD, 2001.

Maddox, Brenda. 'The double helix and the "wronged heroine"'. *Nature*, vol. 421 (2003), pp. 407–8.

Marcus, Joyce. *Mesoamerican Writing Systems: Propaganda, Myth, and History in Four Ancient Civilizations*. Princeton: Princeton University Press, 1992.

Marks, Robert. *The Origins of the Modern World: A Global and Ecological Narrative from the Fifteenth to the Twenty-First Century*. 2nd edn. Lanham: Rowman & Littlefield, 2007.

Maynard Smith, John and Eors Szathmary. *The Origins of Life: From the Birth of Life to the Origins of Language*. Oxford: Oxford University Press, 1999.

McBrearty, Sally and Alison Brooks. 'The revolution that wasn't: A new interpretation of the origin of modern human behaviour'. *Journal of Human Evolution,* 39 (2000), pp. 453–63.

McGowan, Christopher. *The Dragon Seekers: How an Extraordinary Circle of Fossilists Discovered the Dinosaurs and Paved the Way for Darwin*. London: Basic Books, 2009.

McNeill, J.R. and William H. McNeill. *The Human Web: A Bird's-Eye View of World History.* New York: W.W. Norton, 2003.

McNeill, William. *Plagues and People*. Oxford: Blackwell, 1977.

Mendeleev, Dmitri. 'Remarks concerning the discovery of gallium'. In *Mendeleev on the Periodic Law: Selected Writings, 1869–1905*. Ed. William Jensen. New York: Dover Publications, 2005.

Newton, Isaac. *The Mathematical Principles of Natural Philosophy*. Trans. Andrew Motte. London: Benjamin Motte, 1729.

Nicastro, Nicholas. *Circumference: Eratosthenes and the Ancient Quest to Measure the Globe*. New York: St Martin's Press, 2008.

Nutman, Allen et al. 'Rapid emergence of life shown by discovery of 3,700-million-year-old microbial structures'. *Nature*, vol. 537 (Sep. 2016), pp. 535–8.

Otfinoski, Steven. *Marco Polo: to China and Back.* New York: Benchmark Books, 2003.

Overton, Mark. *Agricultural Revolution in England: The Transformation of the Agrarian Economy, 1500–1850*. Cambridge: Cambridge University Press,

1996.

Pacey, Arnold. *Technology in World Civilisation*. Cambridge, Mass.: MIT Press, 1990.

Parker, Geoffrey. *The Military Revolution: Military Innovation and the Rise of the West, 1500–1800*. 2nd edn. Cambridge: Cambridge University Press, 1996.

Pinker, Steven. *The Blank State: The Modern Denial of Human Nature*. New York: Penguin, 2003.

Polo, Marco. *The Travels of Marco Polo*. Trans. Aldo Ricci. Reprint. Abingdon: Routledge Curzon, 2005.

Pomeranz, Kenneth. *The Great Divergence: China, Europe, and the Making of the Modern World Economy*. Princeton: Princeton University Press, 2000.

Pomeranz, Kenneth and Steven Topik. *The World that Trade Created: Society, Culture, and the World Economy, 1400 to the Present*. 2nd edn. Armonk: Sharpe, 2006.

Ponting, Clive. *A Green History of the World: The Environment and the Collapse of Great Civilisations*. London: Penguin, 1991.

Ptolemy, Claudius. *Ptolemy's Almagest*. Trans. and ed. G. Toomer. Princeton: Princeton University Press, 1998.

Ptolemy, Claudius. *Ptolemy's Geography: An Annotated Translation of the Theoretical Chapters*. Trans. and eds J. Berggren and Alexander Jones. Princeton: Princeton University Press, 2000.

Rampino, Michael and Stanley Ambrose. 'Volcanic winter in the garden of eden: the toba super-eruption and the Late Pleistocene population crash'. In *Volcanic Hazards and Disasters in Human Antiquity*. Ed. F. McCoy and W. Heiken. Boulder, Colo.: Geological Society of America, 2000, pg. 78–80.

Richards, John. *The Unending Frontier: Environmental History of the Early Modern World*. Berkeley: University of California Press, 2006.

Ringrose, David. *Expansion and Global Interaction, 1200–1700*. New York: Longman, 2001.

Ristvet, Lauren. *In the Beginning: World History from Human Evolution to the First States*. New York: McGraw-Hill, 2007.

Roller, Duane. *Ancient Geography: The Discovery of the World in Classical Greece and Rome*. London: I.B. Tauris, 2015.

Rothman, Mitchell. *Uruk, Mesopotamia, and Its Neighbours: Cross-Cultural Interactions in the Era of State Formation*. Santa Fe: School of American Research Press, 2001.

Rudwick, Martin. *Earth's Deep History: How It Was Discovered and Why It Matters*. Chicago: University of Chicago Press, 2014.

Russell, Peter. *Prince Henry the Navigator: A Life*. New Haven: Yale University Press, 2000.

Sahlins, Marshall. 'The original affluent society' In *Stone Age Economics*. London: Tavistock, 1972, pp. 1–39.

Sayre, A. *Rosalind Franklin and DNA*. New York: W.W. Norton, 1975.

Scarre, Chris, ed. *The Human Past: World Prehistory and the Development of Human Societies*. London: Thames & Hudson, 2005.

Schamandt-Besserat, Denise. *How Writing Came About: Handbook to Life in Ancient Mesopotamia*. Austin: University of Texas Press, 1996.

Sharratt, Michael. *Galileo: Decisive Innovator*. Cambridge: Cambridge University Press, 1994.

Smil, Vaclav. *Energy in World History*. Boulder: Westview Press, 1994.

Smith, Bruce. *The Emergence of Agriculture*. New York: Scientific American Library, 1995.

Strayer, Robert. *Ways of the World: A Global History*. Boston: St Martin's Press, 2009.

Stringer, Chris. *The Origin of Our Species*. London: Allen Lane, 2011.

Tarbuck, E. and F. Lutgens. *Earth: An Introduction to Physical Geology*. New Jersey: Pearson Prentice Hall, 2005.

Tattersall, Ian. *Masters of the Planet: The Search for Human Origins*. New York: Palgrave Macmillan, 2012.

Tattersall, Ian. *Becoming Human: Evolution and Human Uniqueness*. New York: Harcourt Brace, 1998.

Temple, Robert. *The Genius of China: 3000 Years of Science, Discovery, and Invention*. New York: Touchstone, 1986.

Turchin, Peter and Sergei Nefedov. *Secular Cycles*. Princeton: Princeton University Press, 2009.

Venter, J. Craig. *A Life Decoded: My Genome, My Life*. London: Penguin, 2007.

Watson, Fred. *Stargazer: The Life and History of the Telescope*. Cambridge, Mass.: Da Capo Press, 2006.

Watson, James. *The Double Helix: A Personal Account of the Discovery of the Structure of DNA*. London: Atheneum Press, 1968.

Wegener, Alfred. *The Origin of Continents and Oceans*. Trans. John Biram. New York: Dover Publications, 1966.

Weinberg, Steven. *The First Three Minutes: A Modern View of the Origin of the Universe*. New York: Basic Books, 1977.

Westfall, Richard. *The Life of Isaac Newton*. Cambridge: Cambridge University Press, 1993.

Wilkins, Maurice. *The Third Man of the Double Helix: An Autobiography*. Oxford: Oxford University Press, 2005.

Woods, Michael and Mary Woods. *Ancient Technology: Ancient Agriculture from Foraging to Farming*. Minneapolis: Runestone Press, 2000.

Wrangham, Richard. 'The evolution of sexuality in chimpanzees and bonobos'. *Human Nature*, vol. 4 (1993), pp. 47–79.

Wrangham, Richard and Dale Peterson. *Demonic Males: Apes and the Origins of Human Violence*. Boston: Mariner Books, 1996.

Wrigley, E. *Energy and the English Industrial Revolution*. Cambridge: Cambridge University Press, 2011.

Zheng, Y. et al., 'Rice fields and modes of rice cultivation between 5000 and 2500 BC in East China'. *Journal of Archaeological Science*, vol. 36 (2009), pp. 2609–16.